Laura Fröhlich

WACKELZAHNPUBERTÄT

Gelassen durch die 6-Jahres-Phase

humboldt

INHALT

HERZLICH WILLKOMMEN IM CHAOS

Keine Angst vor der Wackelzahn-Pubertät! Diese Zeit ist spannend, berührend und schön, ab und zu auch nervenaufreibend, anstrengend und ermüdend. Aber es macht unglaublich viel Freude, das eigene Kind auf diesem Weg begleiten zu dürfen.

Wenn du dieses Buch in der Hand hältst, ist bei dir zu Hause sicher eine Menge los. Mit einem Kind in der Wackelzahn-Pubertät wird es jedenfalls nie langweilig, das kann ich aus eigener Erfahrung sagen. Oft genug stand ich verwundert vor meinem Sohn oder meiner Tochter. Aus den kleinen Mäusen, die noch bis vor Kurzem so drollig sprachen und auf dem Laufrad durch die Gegend düsten, sind rund um den fünften Geburtstag ziemliche Sturköpfe geworden. Alles muss ich mit ihnen ausdiskutieren und manchmal bin ich richtig erschrocken über ihr Benehmen. Dann wiederum wundere ich mich, weil sie wieder ganz klein sein möchten und in Babysprache reden. Jedenfalls denke ich dann mit einem beunruhigenden Gefühl an die richtige Pubertät. Wenn es jetzt schon so turbulent zugeht, was kommt danach auf mich zu?

Was ist mit meinem Kind los?

Ein Grund für die Aufregung bei euch zu Hause kann die spannende Zeit der Vorschule sein, dicht gefolgt von der Einschulung. Dein Kind merkt, dass sich etwas verändert, schließlich sprechen alle Erwachsenen es ständig auf den „Ernst des Lebens“ an. Kein Wunder, dass es ihm ganz mulmig wird und es das Bevorstehende aus dem Tritt bringt. Die Phase zwischen fünf und zehn Jahren heißt aus gutem Grund „Wackelzahn-Pubertät“, weil Kinder sich verändern, sich auch mal auflehnen gegen die Eltern, ständig diskutieren möchten und empfindlich reagieren.

In diesem Alter kommen eine Menge Veränderungen auf unsere Kinder zu, und es werden viele Erwartungen an sie gestellt, wobei sie all das nicht richtig begreifen oder in Worte fassen können. Es ist viel mehr ein diffuses Gefühl, das sie ängstigen kann, und es ist normal, dass sie mit gemischten Gefühlen reagieren.

Kinder in der Wackelzahn-Pubertät wollen groß werden. Das ist in ihrem Entwicklungsprogramm gespeichert und passiert ganz von alleine und im eigenen Tempo. Dafür brauchen sie uns Eltern, unsere Liebe und unser Verständnis zur Unterstützung. Vor allem aber brauchen sie eines: einen respektvollen Umgang mit ihnen. Die Kinder diskutieren, streiten und beharren auf ihrer Meinung, weil sie von uns gesehen und geachtet werden wollen. Das birgt viele Herausforderungen, benötigt manchmal starke Nerven und fordert von uns viel Feingefühl für Zwischenmenschliches. Für uns ist das nicht immer einfach, denn früher gehörte dieser achtsame Umgang nicht unbedingt zur Erziehung dazu. Vielleicht bist du selbst ganz anders aufgewachsen und deine Eltern haben Druck und Strafen angewendet. Ich kann dir schon einmal eines verraten: Mit diesen beiden Mitteln wird die Zeit mit unseren Kindern anstrengend und zermürbend – für beide Seiten.

Neue Wege gehen

Wir wollen es anders machen und suchen gemeinsam Antworten auf viele Fragen. Wieso geraten wir mit unserem Kind ständig in Streit aus den immer gleichen Gründen und wie können wir diese Konflikte lösen? Wie halten Kinder Familienregeln ein, wenn wir nicht mit Sanktionen drohen? Warum trödeln unsere Kinder und warum verstehen sie die Sache mit der Ordnung nicht? Wie viel Freiheit kann ich meinem Kind lassen, welche digitalen Medien erlaube ich ihm, und warum will es heute groß sein und morgen wie ein Kleinkind behandelt werden?

Ich bin selber Mama von drei Kindern, zwei davon sind in der Wackelzahn-Pubertät, und ich habe schon viele Stunden diskutiert, getröstet und mich auch oft geärgert. Es ist nicht immer einfach mit den kleinen Wackelzahn-Rebellen und -Rebellinnen, aber es macht gleichzeitig großen Spaß, sie beim Größerwerden zu begleiten.

„Gute Eltern machen mindestens 20 Fehler am Tag", hat der dänische Familientherapeut Jesper Juul einmal gesagt. Es ist also ganz normal, dass wir uns nicht jederzeit pädagogisch sinnvoll verhalten können. Du und ich, wir sind Menschen, die ab und zu die Nase voll haben. Sei also nicht zu streng mit dir selbst, wenn du deine Kinder mal nicht so nett behandelst. Stell dir vor, während ich das Buch hier schrieb und all die guten Tipps zusammentrug, habe ich manchmal meine Kinder angemeckert, weil sie mich dabei störten. Im Nachhinein wurde mir dann klar, dass mein Verhalten nicht sehr freundlich war, und ich habe die Kinder um Verzeihung gebeten.

Darum geht es im Buch

Mit diesem Ratgeber hältst du ein Buch in der Hand, das dich durch die Wackelzahn-Pubertät begleitet. Ich habe all meine Erfahrung aufgeschrieben und mit vielen Praxis-Tipps versehen. Außerdem kommen Experten zu Wort, die dir das Verhalten der Kinder erklären und dir mit gutem Rat zur Seite stehen. Ich kenne sie alle persönlich, daher wundere dich nicht, dass ich sie duze.

Du erfährst im ersten Teil des Ratgebers wichtige Grundlagen für das Leben mit Kindern, zum Beispiel, wieso die Art der Kommunikation eine sehr große Rolle spielt und wie wir ihnen auf Augenhöhe begegnen können. Außerdem habe ich aufgeschrieben, wie wir unseren Kindern helfen, stark und selbstbewusst zu sein. Wir widmen uns dem Thema Geschlecht und sprechen darüber, wie wir Jungen und Mädchen so erziehen, dass sie gleiche Chancen auf ein selbstbestimmtes Leben jenseits von Klischees haben.

Sicher bist du gespannt auf das Kapitel, das sich dem Familienfrieden widmet. Mit Kindern in der Wackelzahn-Pubertät geht es nicht immer friedlich zu, und das ist auch gar nicht weiter tragisch, denn eine Familie, in der immer Friede-Freude-Eierkuchen-Stimmung ist, die gibt es nicht, darauf kannst du wetten! Mein Tipp: Mit der Familienkonferenz könnt ihr gemeinsam Regeln aufstellen und sie ganz ohne Strafen befolgen, auch was das respektvolle Miteinander angeht.

Im zweiten Teil geht es um praktische Themen. Was tust du, wenn deine Kinder kein Gemüse mögen und dauernd über das Essen meckern? Ich habe außerdem gute Ideen, wie du deine Kinder aufklären kannst, auch wenn dir das Thema selbst vielleicht etwas unangenehm ist. Weiter geht es mit den ersten Schritten alleine, denn die sind für unsere Kinder genauso wichtig wie unser Zuspruch und das Verständnis dafür, dass die Kinder ab und zu wieder ganz klein sein wollen. Ich erzähle dir, was das Besondere an der Vor- und Grundschulzeit ist, wieso Hobbys und Freizeit für die Kinder wichtig sind und am Ende sprechen wir über das aktuelle und wichtige Thema digitale Medien.

Auf keinen Fall möchte ich mit dem moralischen Zeigefinger daherkommen. Du bist der Experte oder die Expertin für dein Kind und weißt am besten, was gut für es ist. Du nimmst dir einfach all das für deinen Alltag mit, was du gut findest.

In den kursiv gesetzten Anfangstexten beschreibe ich einige Situationen aus unserem Alltag, und du wirst schnell merken, dass ich mich auch nicht immer richtig verhalte. Vieles würde ich im Nachhinein anders machen, aber ich bin eben auch nur ein Mensch, der das gute Zusammenleben mit Kindern immer wieder üben muss. Du kannst davon profitieren, denn ich habe viel reflektiert und mein Verhalten in mancher Hinsicht geändert – zum Besseren!

Du kannst die Kapitel durcheinander lesen oder der Reihenfolge nach. Der Pfeil → zeigt dir an, wenn es zu dem Thema noch an anderer Stelle im Buch Informationen gibt. In kleinen Kästchen gibt es Alltags-Tipps, die ihr direkt umsetzen könnt. Außerdem ist es mir wichtig, dass bei all den Kinderthemen die Eltern nicht zu kurz kommen. Die Anregungen in den Kästen „Atempause für Eltern" sind nur für dich, denn sind wir mal ehrlich – das Leben mit Wackelzahn-Kindern kann ab und zu ziemlich anstrengend sein.

Ihr schafft das schon!

Ich möchte dir vor allem ganz viel Lust machen auf diese tolle Zeit mit deinem wunderbaren Kind. Es ist so außergewöhnlich, was für eine Persönlichkeit aus ihm wird. Babys und Kleinkinder sind sich im Verhalten oft ähnlich. Nun aber schält sich immer mehr der wahre Charakter heraus. Manchmal sind wir verwundert: Wo hat das Kind nur diese Eigenschaft her? Woher kommt das Interesse für ein bestimmtes Hobby, woher der Sinn für Kunst, Sport oder Bücher? Sie beeindrucken uns mit ihrem Wesen und manchmal sind wir es, die zu ihnen aufsehen. Gleichzeitig brauchen sie uns sehr, denn bei allem Drang, groß werden zu wollen, sind sie immer noch Kinder.

Sie fordern unseren Respekt und möchten so angenommen werden, wie sie sind. Geht uns Großen eigentlich nicht anders, oder? Manchmal, wenn es zwischen meinem Sohn oder meiner Tochter und mir kracht, frage ich mich, wie ich in einer solchen Situation behandelt werden möchte. Meist ist das ein guter Kompass, und ich weiß dann schneller, was mein Kind brauchen könnte.

Die Wackelzahn-Pubertät ist eine Zeit der Veränderung. Aus unseren kleinen Kindern werden große Kinder, die Schritt für Schritt in Richtung Selbstständigkeit unterwegs sind. Wir Eltern sind dafür da, ihnen die Flügel zu geben, um loszufliegen. Mindestens so notwendig brauchen sie die Gewissheit, dass das Nest bleibt – für immer. Wir stellen jetzt die Weichen für die Zeit der Pubertät. Respekt und Freiheit wird dann das sein, was die jungen Menschen von uns brauchen. Wir dagegen brauchen Vertrauen in unsere Kinder. Wenn wir jetzt in der Wackelzahn-Pubertät die Grundsteine für dieses Vertrauen legen, dann kann nichts schiefgehen. Machen wir uns mit unseren Kindern auf eine spannende Reise.

Ich wünsche dir nun ganz viel Spaß beim Lesen

Deine Laura

GRUNDLAGEN FÜR EIN ENTSPANNTES LEBEN MIT WACKELZAHN-KINDERN

REDEN MIT KLEINEN REBELLEN

Mit Eintreten der Wackelzahn-Pubertät wird das Reden mit dem Kind manchmal schwieriger. Unser Kind erscheint uns frech, es streitet mit den Geschwistern, und wir wissen dann in unserer Hilflosigkeit keine bessere Lösung, als mit Drohungen zu reagieren. In diesem Kapitel erzähle ich dir etwas über gelungene Kommunikation. Warum ist streiten nicht schlimm, wenn wir ein paar Regeln befolgen, und wie kannst du die Konflikte zwischen Geschwistern besser akzeptieren? Ich erkläre dir, warum Strafen meiner Meinung nach nichts bringen und wie du stattdessen mit reden auf Augenhöhe weiterkommst.

„Räum dein Zimmer auf!" – „Nö!" – Diskutieren mit Kindern in der Wackelzahnpubertät

Ich komme in Jimmys Zimmer und sehe Chaos, so weit das Auge reicht. Nach dem ersten Schritt trete ich auf eine Tipp-Kick-Figur und schimpfe: „Wie sieht es denn hier aus? Räum jetzt bitte auf!"
„Nein, ich spiele gerade mein Fußballspiel", antwortet mein Sohn, und schießt den Tipp-Kick-Ball in das Tor.
„Dann mach es später", entgegne ich genervt.

„Nein, da will ich rüber zu Finn."
Wir diskutieren und finden kein Ende, ich werde dabei immer ärgerlicher. „Solange du nicht aufgeräumt hast, gehst du nirgendwo hin", rufe ich wütend und fühle mich ziemlich hilflos.
„Geh raus", schreit Jimmy.
Ich haue die Tür zu und muss erst einmal Luft holen.

Vielleicht kommen dir solche Situationen bekannt vor. Erkennst du dein Kind auch manchmal nicht wieder, ärgerst dich und fühlst dich machtlos? Mit kleinen Wackelzahnrebellen und -rebellinnen kann man stundenlang diskutieren und das macht uns Eltern oft wahnsinnig. War das Wort von Mama und Papa bis vor Kurzem zumindest im ausgeschlafenen und satten Zustand Gesetz, stellen die Kinder rund um ihren fünften Geburtstag alles infrage. Sie finden Aufräumen doof, haben keine Lust, beim Tischdecken zu helfen, möchten abends im Bett das Licht anlassen und das Taschengeld nicht in das Sparschwein tun, sondern viel lieber scheinbar nutzlosen Kleinkram kaufen. Nervig können auch Diskussionen um gemeinsame Unternehmungen sein. Das Kind findet den Spielplatz langweilig und boykottiert den Nachmittagsausflug mit den Geschwistern. Früher wäre es wenigstens schmollend mitgekommen, nun stehen Eltern mit Eimer, Schaufel und Trinkflasche in der Tür und tauschen mit dem Kind Argumente aus, die dann schnell zum Streit führen. Falls du deshalb frustriert bist und dich fragst, was du falsch gemacht hast, kann ich dich beruhigen: Ganz viele Kinder in diesem Altern benehmen sich so.

Ein wichtiger Entwicklungsschritt

Das Wort Wackelzahn-Pubertät bezeichnet diese Phase ausgezeichnet, und Eltern wissen meist sofort, was gemeint ist. Mit dem ersten Wackelzahn verändern sich die Kinder zunehmend, die Gründe dafür sind aber nicht die Hormone. Vielmehr ändert sich das Leben der Kinder, und sie reagieren darauf. Im Prinzip ist das eine ganz besonders spannende Phase: Sie sind keine Kleinkinder mehr, sind aber auch noch lange nicht groß. Die Vor- und Grundschule und alles, was damit zu tun hat, verändert ihr Leben und bereitet Vorfreude, aber auch Angst. „Was kommt da nur auf mich zu und wie wird sich mein Leben durch die Einschulung verändern?“ Manche Kinder nehmen diese Situation gelassener hin, aber alle erfreuen sich an der Entdeckung ihrer eigenen Persönlichkeit und haben keine Lust mehr, alle Regeln als gegeben hinzunehmen.

Es tut uns Eltern gut, wenn wir wissen, dass andere Mütter und Väter mit den gleichen Herausforderungen zu kämpfen haben und nicht nur das eigene Kind ein ungewöhnliches Verhalten an den Tag legt, sondern all die anderen in seinem Alter auch. Die sogenannte Wackelzahn-Pubertät ist also einfach ein weiterer Schritt, den dein Kind geht, und du kannst das gut im Alltag beobachten: Es entwickelt zu allen möglichen Themen eine eigene Meinung, besteht auf seine Privatsphäre und sucht den Kontakt zu Gleichaltrigen. Vor allem kann es richtig wütend werden, wenn es sich übergangen fühlt und ihr es nicht in eure Familien-Entscheidungen mit einbezieht. Vielleicht zieht dein Kind ein langes Gesicht, weil ihr in den Ferien wieder an die Ostsee fahrt, es aber viel lieber mal in den warmen Süden möchte, so wie seine Schulkameraden. Kleinere Kinder räumen zwar nicht immer gerne auf, sie hinterfragen aber nicht den Sinn des Aufräumens. Ein Kind in der Wackelzahn-Pubertät denkt sich dagegen: „Wieso soll ich das eigentlich tun? Es ist mein Zimmer und das ist mein Bereich. Also darf ich bestimmen.“ Mitbestimmung und Gehört-Werden sind ganz wesentliche Dinge, die Kinder in der Wackelzahn-Pubertät von uns fordern, und das ist genau richtig so!

Alles infrage stellen

Vielleicht bist du manchmal verzweifelt oder genervt von den ewigen Streitereien mit deinem Wackelzahn-Rebell oder deiner Wackelzahn-Rebellin? Mir geht es jedenfalls so. Aber wenn wir uns mal mit der Kommunikation zwischen Eltern und Kind beschäftigen, wird uns schnell klar, welcher Zusammenhang zwischen wachsendem Alter und der Zunahme von Konflikten besteht.

Ein wertschätzender Umgang mit Kindern ist von Anfang an sehr wichtig. Ein Baby, das vom Kinderarzt oder der Kinderärztin untersucht wird, muss das zwar über sich ergehen lassen, wird dabei aber von seiner Mutter getröstet. Ein Kleinkind darf das scharfe Messer nicht haben, aber wir beugen uns herunter, erklären ihm die Gefahr und geben ihm stattdessen ein Kindermesser. Dabei geben Eltern ihren Kindern ein Zeichen, dass sie deren Wunsch nach Trost oder Selbstständigkeit erkennen und, so weit es eben möglich ist, erfüllen. Bei Kindern in der Wackelzahn-Pubertät wird dieser wertschätzende Umgang noch wichtiger. Die Kinder gieren förmlich danach, dass wir sie, ihre Meinung und ihre Bedürfnisse sehen. Tun wir das nicht, sondern gehen wir darüber hinweg und spielen unsere Eltern-Machtkarte aus, gehen sie im wahrsten Sinne des Wortes an die Decke.

Entwicklung der Persönlichkeit

Kinder in diesem Alter entdecken mehr und mehr ihre eigene Persönlichkeit. Sie erkennen, dass sie besonders sind, dass es ein ICH gibt, das sich von dem DU gegenüber unterscheidet. Das eine Kind mag Sport, das andere zeichnet lieber. Ein Kind ist schüchtern, ein anderes steht gerne im Mittelpunkt. Die Kinder erkennen sich als individueller Mensch mit eigenen Wünschen und Bedürfnissen und erwarten von uns Eltern, dass wir sie als solche sehen. Dieses ICH gilt es zu schützen und deshalb ist das Für-sich-Eintreten ein großer Entwicklungsschritt. In unserer Gesellschaft gilt es als „frech“, wenn Kinder „Widerworte“ geben. Dabei geht es ja eigentlich um eine Meinungsäußerung, die möglicherweise nicht im richtigen Ton gesprochen wurde. Diesen richtigen Ton müssen die Kinder auch erst erlernen. Das tun sie vor allem dann, wenn wir im richtigen, also in einem wertschätzenden und respektvollen Ton mit ihnen sprechen.

Diskussionen gehören dazu

Wünschen wir uns nicht alle, dass unsere Kinder später einmal starke Menschen sind, die für sich selbst einstehen? Nun kannst du deinen Sohn oder deine Tochter darin bestärken, denn mit der Wackelzahn-Pubertät startet ein besonderer Lebensabschnitt. Tatsächlich musst du von jetzt an wohl öfter diskutieren, dich erklären, Begründungen geben und auch mal auf deinen Standpunkt beharren. Aber wenn du mit deinem Wackelzahn-Kind auf Augenhöhe sprichst und ihm dabei zeigst, dass du zwar nicht immer in seinem Sinne entscheiden kannst, aber seine Meinung ernst nimmst, werdet ihr langfristig gut miteinander klarkommen.

TIPP FÜR DEN ALLTAG

Zugegeben, das eigene Zimmer ist Privatsache. Aber dein Kind möchte ja auch, dass du es besuchen kommst. So könntet ihr miteinander besprechen, dass du abends beim Gutenacht-Sagen nicht auf Spielzeug treten möchtest. Könnt ihr euch auf eine gewisse Grundordnung einigen? Keine Schmutzwäsche auf dem Boden und ein breiter Trampelpfad zum Durchgehen? So geht keiner von euch als Gewinner oder Verlierer aus der Sache heraus. Mehr zum Thema Aufräumen findest du im Kapitel → „Familie Friedlich“.

Eine einfache Lösung?

Du fragst dich vielleicht, ob sich bereits einmal geklärte Diskussionspunkte wie das Zimmeraufräumen damit ein für alle Mal erledigt haben? Nein, vermutlich nicht. Wackelzahn-Rebellen und -Rebellinnen neigen dazu, den Diskussionsgrund schnell zu vergessen. Ein und dasselbe Thema immer wieder durchzukauen gehört zum Leben mit Kindern einfach dazu. Aber wenn du dein Kind an euren bereits geschlossenen Kompromiss erinnerst, dann weiß es, dass es fair wäre, sich an eure Abmachungen zu halten. Verhältst du dich auf Dauer selbst fair, wird es das bald ebenso machen, denn Kinder lernen über Erfahrungen und Vorbilder, wenn auch nicht sofort. Vielleicht diskutiert ihr immer mal wieder von Neuem los, aber seien wir ehrlich: Würden wir unsere Eltern-Machtkarte ausspielen und mit Verboten drohen, gäbe es ebenfalls Diskussionen. So aber übt dein Kind nebenbei das Diskutieren, den fairen Meinungsaustausch und den respektvollen Umgang miteinander. Das ist ein Handwerkszeug, von dem es ein Leben lang profitieren wird.

TIPP FÜR DEN ALLTAG

Selbstverständlich gibt es Momente, da ist keine Zeit für Diskussionen. Wenn ihr einen Termin habt und euch beeilen müsst, ist eine ausgiebige Diskussion über Sauberkeit im Kinderzimmer oder die Wahl der richtigen Sandalen nicht drin. Findet schnell eine kreative Notlösung (Zimmer bleibt erst einmal unordentlich / nehmt zwei Paar Sandalen mit) und schlag deinem Kind vor, dass ihr die Diskussion auf den Abend verschiebt. Sprich dann beim Abendessen, beim Kuscheln auf dem Sofa oder beim Gutenacht-Sagen das Thema noch einmal in Ruhe an.

„Du bist die doofste Mama der Welt!“ – Richtig streiten lernen

„Luise, heute ist Reitunterricht und wir müssen bald los“, sage ich zu meiner Tochter.

„Heute möchte ich nicht zum Reiten, mir ist das zu anstrengend“, antwortet sie.

„Das geht nicht“, erwidere ich, „wir haben die Reitstunde bezahlt und nun musst du sie auch machen, sonst ist das Geld verloren.“

„Ich WILL aber nicht“, schreit Luise wütend.

„Immer willst du erst etwas und hast dann bald keine Lust mehr“, ärgere ich mich.

„Du bist die doofste Mama der Welt“, heult Luise.

Wir sehnen uns nach Harmonie, nach guter Stimmung und allgemeiner Zufriedenheit, aber seien wir ehrlich: In einer Familie geht es nicht ohne Streit. Mit Kindern ab fünf Jahren nimmt die Streiterei manchmal sogar noch zu, denn Wackelzahn-Rebellen und -Rebellinnen wollen längst nicht immer das Gleiche wie die Eltern und wissen, das auszudrücken.

Streiten muss gelernt sein

Jeden Konflikt zu vermeiden ist nicht nur unmöglich, sondern auch gar keine gute Idee. Denn wenn alle Familienmitglieder ein paar Regeln beim Streiten berücksichtigen, verhärtet ein Konflikt die Fronten nicht, sondern trägt langfristig zu mehr Familienfrieden bei. Die Kinder müssen lernen zu streiten, denn woher sollen sie das auch können? Wenn sie klein sind, fällt es ihnen besonders schwer. Sie reagieren im Konfliktfall mit Wut, Trotz oder einer Beißattacke. Kinder ab fünf Jahren reagieren nicht mehr so stark und sind eher in der Lage, sich in eine andere Person hineinzuversetzen. Aber damit umzugehen, Kompromisse zu schließen oder sich auf den anderen einzulassen, ist für sie trotzdem schwierig. Damit umzugehen ist ein Lernprozess, der auch uns Erwachsene immer wieder herausfordert. Die Fallen beim Streiten zu umschiffen und es nicht zu einer unlösbaren und aggressiven Auseinandersetzung werden zu lassen, ist also eine Aufgabe für Groß und Klein.

Pause einlegen

Wenn ihr während eines Konflikts so richtig sauer werdet, tut euch eine Pause gut. Wenn bei uns mal die Türen knallen, bleiben sie auch eine kurze Zeit geschlossen. Jeder kann dann durchschnaufen und sich ein wenig beruhigen. „Lass uns in einer halben Stunde noch einmal darüber sprechen, okay?“, so könntest du dein Kind um eine kleine Auszeit bitten.

Du-Botschaften vermeiden

Richtig unangenehm ist es für uns alle, wenn wir mit Du-Botschaften bombardiert werden, die auch noch mit Worten wie „immer“ und „nie“ gewürzt sind. Dass ich in meinem Beispiel zu Beginn des Kapitels meiner Tochter vorwarf, *immer* schnell die Lust zu verlieren, war gemein und pauschalisierend. Kein Wunder, dass sie dann so richtig wütend wurde. Eine wichtige Regel beim Streiten lautet daher, Ich-Botschaften zu verwenden, um uns gegenseitig nicht unnötig zu beleidigen oder herabzusetzen. Du sprichst damit von dir und fällst kein Urteil über dein Gegenüber. Wenn du mit deinem Kind diskutierst und ein Konflikt ausbricht, sprich also nur von deiner Sicht der Dinge. So lernt es im Laufe der Jahre, sich in dich hineinzuversetzen und deine Bedürfnisse anzuerkennen.

Emotionen ansprechen

Wenn du gerade schon dabei bist, von dir zu sprechen, dann formulier auch deine Gefühle. Ich hätte im Gespräch mit Luise sagen können: „Ich bin ärgerlich, wenn die Reitstunde verfällt, denn ich habe sie bezahlt.“ Meine Tochter kann so eher nachvollziehen, warum ich wütend bin und bezieht das Problem nicht auf sich als Person, sondern auf den Umstand. Außerdem kommen auf diese Weise Gefühle zur Sprache. Frag dein Kind bei einem Streit doch mal: „Was macht dich denn gerade so wütend?“

Eine Lösung finden

Überleg dir mal, wie du einen Streit unter Arbeitskollegen und -kolleginnen klären würdest. Ihr würdet vermutlich versuchen, einigermaßen respektvoll miteinander umzugehen, denn ihr müsst ja weiterhin zusammenarbeiten. Auch wenn ihr unterschiedlicher Meinung wärt, würdet ihr sicher nach einem Kompromiss suchen. Genauso ist das im Streit mit unseren Kindern. Ich habe die Erfahrung gemacht, dass ein guter Kompromiss die dicke Luft schnell klären kann. Frag dein Kind nach einer Lösung eures Streits. Manchmal haben Kinder die spannendsten Ideen, und wenn sie merken, dass wir Großen bereit sind, uns auf ihre Sichtweise einzulassen, kann es mit der Versöhnung schneller gehen, als wir denken.

Sich entschuldigen

Wichtig ist, dass wir Eltern uns ehrlich entschuldigen, wenn wir ungerecht waren. Mir sind als Mutter schon oft gemeine Dinge herausgerutscht, die mir später leidtaten. Für die Kinder ist es ein großes Zeichen, wenn wir auf sie zugehen und aufrichtig um Entschuldigung bitten. Am besten lassen wir diese Bitte um Verzeihung so stehen, ohne auf die Fehler des Kindes einzugehen. Eine „Aber-Botschaft“, die wir an die Entschuldigung anschließen, mindert nämlich die Bitte um Verzeihung wieder ab. Das Gute daran: Wenn dein Kind sieht, dass du dich ohne Wenn und Aber entschuldigst, wird es ihm bald leichter fallen, es selbst zu tun.

ATEMPAUSE FÜR ELTERN

Ab und zu fehlen dir die Nerven für Diskussionen, du hast einfach keine Lust, keine Zeit oder bist zu müde? Das ist völlig normal und nachvollziehbar und geht mir genauso. Sag deinem Kind, wie du dich fühlst und dass du gerade keinen Kopf für Diskussionen hast. Kinder in der Wackelzahn-Pubertät müssen zwar lernen, für ihre eigenen Bedürfnisse zu kämpfen. Aber sie müssen auch lernen, die der anderen zu respektieren.

Wenn immer wieder dieselben Konflikte auftauchen

Ab und zu streiten Eltern mit ihren Wackelzahn-Rebellen und -Rebellinnen immer wieder über dieselben, nervtötenden Themen. Trödeln, Aufräumen, Geschwisterstreitereien oder Hausaufgaben – da gibt es nur ein paar kleine Trigger und schon sind alle wütend und verletzt. Weil wir Eltern die Verantwortung für die Stimmung in unserem Haus tragen, liegt es auch in unserem Aufgabenbereich, schwierige Situationen langfristig in den Griff zu bekommen. Überleg dir mal in Ruhe, welche Momente im Alltag Konfliktpotenzial bieten und welche Sätze dann immer wieder fallen. Schreib sie auf und schau sie dir an. Wie wirken sie auf dich? Kannst du die Sätze umformulieren? (→ siehe auch die Abschnitte „Du-Botschaften vermeiden“ und „Emotionen ansprechen“). Sprich mit deinem Kind über den wiederkehrenden Konflikt, wenn die Stimmung wieder gut ist. Frag es mal, was seiner Meinung nach dazu führt, dass ihr streitet. Trau dich, dein Kind als gleichwertiges Gegenüber zu betrachten und versucht, gemeinsam einen Lösungsweg zu finden.

TIPP FÜR DEN ALLTAG

Denkt euch ein lustiges Codewort für wiederkehrende Streitpunkte aus. „Warzenschwein“ für Ärger mit den Hausaufgaben, „Pupskartoffel“ für Streit rund ums Aufräumen. Sobald der Konflikt aufkocht, sagt einer von euch das Wort, und ich garantiere, dass es euch ein Lächeln auf die Lippen zaubert. Haltet kurz inne und erinnert euch an euer Gespräch. Was hattet ihr besprochen? Probiert, die vereinbarten Lösungswege einzuhalten.

„Du blöde Schwester!“ – Geschwisterstreit ertragen

„Pferde sind doof“, platzt es morgens am Frühstückstisch aus Jimmy heraus.
Luise reagiert prompt: „Und Fußball ist so richtig oberdoof, und du bist der dümmste Bruder der Welt.“
Jimmy wirft mit seinem Marmeladenbrot nach seiner Schwester, diese stürzt vor Schreck vom Stuhl. Manege frei für ein ganz normales Geschwisterpaar und die alltäglichen Grabenkämpfe.

Es soll ja Geschwister geben, die sich die meiste Zeit vertragen. Mir selbst kommt es manchmal so vor, als sei das in allen anderen Familien der Fall, nur nicht bei uns. Wenn ich aber gezielt herumfrage, berichten alle Eltern das Gleiche, und die meisten Geschwister zanken viel. Das ist vor allem dann der Fall, wenn der Altersabstand der Kinder nicht groß ist. Ich kann dir außerdem noch etwas mit auf den Weg geben. Oft sind es die Eltern, die sich am meisten Mühe mit ihren Kindern geben, bei denen es den größten Zoff gibt. Es hat also nichts mit dir zu tun, wenn bei euch zu Hause zwischen den Kindern die Fetzen fliegen.

Wenn auch deine Kinder oft streiten, dann sei dir darüber im Klaren, dass es a) normal ist, b) dazugehört und sich c) die Streithähne trotzdem ungemein lieb haben. So ist es auch bei Jimmy und Luise. Lass Streit zu, denn wir Erwachsenen haben gelernt, Ärger zu unterdrücken. Da sind uns in Sachen Psycho-Hygiene unsere Kinder einen Schritt voraus!

TIPP FÜR DEN ALLTAG

Wir haben eine tolle Lösung für einen großen Teil unseres Geschwisterstreit-Problems, nämlich auf die Frage, wer heute bestimmen und wer aussuchen darf: Wir teilen die Wochentage untereinander auf. An jedem Tag darf einer meiner Kinder bestimmen. Luise ist montags und mittwochs dran, Oskar freitags und samstags und Jimmy dienstags und donnerstags. Das Beste: Der Sonntag gehört den Eltern! Und so wissen wir immer genau, wer die Musik im Auto oder den Nachtisch aussuchen darf. Probiert es mal aus!

Geschwisterstreit gehört dazu

Wenn bei euch zu Hause zwischen den Kindern die Fetzen fliegen, liegt das nicht an euch Eltern oder an einer vermeintlich konfliktreichen Atmosphäre. Geschwisterstreit ist so nervenzehrend wie normal und sagt auch nicht unbedingt etwas über die Qualität der Geschwisterbeziehung aus. Ich habe aber bemerkt, dass der Streit noch zunimmt, wenn die Kinder in die Wackelzahn-Pubertät kommen. Es wird ja bekanntlich sowieso schon viel diskutiert und wenn dann, wie bei uns zu Hause, zwei konträre Wackelzahn-Meinungen aufeinandertreffen, endet das aufgrund von mangelnder Erfahrung im Streiten und in der respektvollen Diskussion oft in einer handfesten Auseinandersetzung.

Elternregeln

Ich habe hier ein paar Regeln für dich, die sich bei uns bewährt haben und dir möglichst viel Ärger ersparen sollen:

- Lass dich nicht mit hineinziehen in den Geschwisterstreit. Oft warst du nicht dabei, als sich die Situation zuspitzte. Wem glaubst du also, wenn Aussage gegen Aussage steht? Ergreife keine Partei und diskutiere nicht mit. „Was ich nicht gesehen habe, kann ich nicht beurteilen!“
- Indem du dich raushältst, gibst du den Kindern das Signal, dass du ihnen zutraust, den Konflikt alleine zu lösen. Sag ihnen ruhig und deutlich: „Ich traue euch zu, dass ihr das Problem alleine löst.“
- Ich weiß, es nervt unglaublich. Manchmal möchte ich meine Streithähne zu Hause einfach nur rausschmeißen. Aber wir sollten nicht immer so genervt reagieren, wenn die Kinder sich beleidigen, zanken und rempeln. Sie üben die Auseinandersetzung, und wie du weißt, muss streiten erst gelernt sein.
- Streit gibt es oft über scheinbare Ungerechtigkeiten. Kinder in der Wackelzahn-Pubertät sind manchmal richtige Erbsenzähler. Großzügigkeit lernen sie von ganz alleine, indem wir Erwachsenen es ihnen vorleben. Wenn du dich selber großzügig zeigst und gerne teilst, erledigt sich die scheinbare Engstirnigkeit der Kinder von ganz alleine. Zwing sie nicht dazu, zu teilen oder Spielzeug abzugeben, sondern lass sie selbst erfahren, wie viel Spaß es macht, etwas abzugeben oder zu verschenken.

ATEMPAUSE FÜR ELTERN

Mach den Streit deiner Kinder nicht zu deinem Problem. Wenn sie sich mal wieder zanken, sag ihnen, dass du keine Lust hast, den Schiedsrichter zu spielen. Zieh dich zurück, setz dir Kopfhörer auf und hör Musik oder deinen Lieblingspodcast.

„Selber schuld – Katapult!" – Gelassen auf Rebellen-Provokation reagieren

Ich bin mit allen drei Kindern im Supermarkt. Auf einmal nennt Jimmy seinen kleinen Bruder einen „Uhrensohn".
Mir bleibt der Mund offen stehen. „Wo hast du denn dieses Wort her?", frage ich ihn.
„Aus der Schule!", lautet seine prompte Antwort.
Seine Geschwister wiederholen das Wort, alle jubeln und lachen und Jimmy hört nicht auf meine Bitte, es zu lassen. Einige Leute schauen schon zu uns herüber.

Kinder in der Wackelzahn-Pubertät haben eine große Freude an kleineren Provokationen. Bei dem einen ist sie mehr, bei dem anderen weniger stark ausgeprägt. Sie lieben Schimpfwörter und Worte, bei denen die Erwachsenen vor Schreck die Luft anhalten, Witze und freche Sprüche, Singreime oder kleinen Beleidigungen unter Geschwistern. Fragst du dich auch manchmal, wo das nur hinführt? Ich bin mir jedoch sicher, dass Kinder die Sprache der Eltern irgendwann automatisch übernehmen. Wenn diese Sprache respektvoll und wertschätzend gegenüber Mitmenschen ist, fallen so ein paar mitgebrachte Schimpfwörter am Ende sicher nicht ins Gewicht.

Raus mit der Sprache

Kinder entdecken die Macht der Sprache. Wenn sie erleben, welche Reaktionen Schimpfwörter auf die Eltern ausüben, werden sie erst einmal ihre Freude daran haben. Sie loten so auch die moralischen Grenzen aus und lernen sie dadurch kennen. Eigentlich ist das doch eine sehr clevere Idee, um die Welt besser zu verstehen! Ich habe bei meinen Kindern auch schon bemerkt, dass seltsame oder ungebührliche Worte, die sie irgendwo aufgeschnappt haben, einfach mal raus müssen. Mach am besten nicht viel Aufheben darum. Nimm es gelassen hin und erkläre den Kindern die Bedeutung der Worte. Mach sie darauf aufmerksam, dass sie damit andere Menschen beleidigen und verletzen können.

Gleiches gilt für Kinderreime. Kinder lieben es, wenn sich Worte reimen. Wenn diese dann auch noch mit Pups und Popel zu tun haben, gibt es kein Halten mehr. Vermutlich werdet ihr euch in den nächsten Jahren eine Menge schlechter Fritzchen-Witze anhören müssen.

Widerworte und freche Sprüche

Die Eltern mal ein wenig provozieren zu wollen gehört zum Großwerden dazu. „Wie reagieren Mama und Papa, wenn ich nicht mache, was sie sagen? Wie weit kann ich meine Belange durchsetzen und wo stoßen sie auf die Grenzen meiner Mitmenschen?" All das lernen Kinder durch Ausprobieren, und diese Erfahrungen gehören in die große Schatztruhe auf ihrem Weg zum Erwachsenwerden. Die Kinder möchten diskutieren und die Macht der Worte gebrauchen, das liegt in ihrem Wesen. Dabei testen die Kinder ab und zu auch unsere persönlichen Grenzen, benutzen Schimpfwörter oder beleidigen uns aus Hilflosigkeit heraus.

Uns trifft es vor allem dann, wenn wir uns selbst nicht wohlfühlen. Sind wir mit uns unzufrieden, ist unser Selbstbewusstsein angeknackst oder fühlen wir uns den Kindern gegenüber schwach, können freche Worte ganz schön wütend machen und kränken. Dein Frust ist groß: Du kümmerst dich um dein Kind, kochst, putzt und tröstest und erntest als Dank Gemeinheiten. Gründe für ungebührliche Antworten deines Kindes könnten wie erwähnt sein, dass es Worte und ihre Wirkung ausprobiert. Dann kannst du deinem Kind sagen, dass du dich gekränkt fühlst. Vielleicht verhält sich dein Kind auch deshalb „frech“, weil es sich eigentlich nicht verstanden fühlt. Auf die Basis einer guten Kommunikation gehe ich im nächsten Kapitel ein. Vielleicht fühlt es sich unverstanden, bevormundet oder missachtet? Ich frage mich manchmal, warum ich selbst im Alltag ausfallend werde. Meist bin ich frustriert und fühle mich hilflos. Ist dein Kind dir gegenüber also anhaltend respektlos, behalte das im Auge. Es könnte sein, dass dein Kind sich fremdbestimmt oder bedroht fühlt, zum Beispiel durch Strafen. Darauf, wie Strafen und das Ziehen der Elternmachtkarte dazu führen können, dass Kinder nicht aufhören zu provozieren, komme ich später zurück (→„Dann gibt’s eben kein Sandmännchen“).

ATEMPAUSE FÜR ELTERN

Als Eltern halten wir in der Wackelzahn-Pubertät öfter mal als Fußabtreter für die Wut, den Ärger oder die Angst des Kindes her. Das müssen wir aber nicht kommentarlos über uns ergehen lassen. Verständnis für die Kinder aufbringen und ihre Gefühle ernst nehmen ist die eine Sache, aber es ist dein gutes Recht, auch dein Wohl im Auge zu behalten. Sag deinem Kind, wie du dich fühlst, wenn es dich respektlos behandelt und sprecht über den Umgangston in eurer Familie. Im Kapitel →„Familie Friedlich“ erzähle ich dir mehr dazu.

Mecker-Hans und Nörgel-Liese

Wenn ich früher zu den Kindern sagte: „Heute würde ich gerne mit euch auf den Spielplatz gehen!“, erntete ich in jedem Fall Jubel und Freude. Heute haben mein Sohn und meine Tochter an meinen Plänen oft etwas auszusetzen, und das macht den Alltag ziemlich kompliziert.

Du wirst bemerkt haben, dass dein Kind zwischen fünf und zehn Jahren nicht mehr jeden Ausflug und jede Reiseidee gut findet. Tatsächlich wollen die Kinder mitreden und Einfluss darauf nehmen, wie sie ihre Tage verbringen. Mein Tipp lautet daher: Ob unter der Woche oder am Wochenende, am besten ihr beratschlagt gemeinsam, wie euer Tag aussehen soll. Sicherlich könnt ihr einen Kompromiss finden. Wenn das Kind nörgelt, weil ihm der Spielplatz zu langweilig erscheint, schlag vor, einen Fußball oder ein Gummitwistband mitzunehmen, oder du fragst es, was es denn gerne unternehmen würde. Vielleicht könnt ihr spontan umplanen? Bei uns zu Hause hilft es manchmal, die Wünsche der Kinder für Freizeitaktivitäten anzuhören und für einen anderen Tag einzuplanen. Das Gleiche gilt für Urlaube. Hier spielt natürlich das Geld und die Art der Fortbewegung eine Rolle. Aber je mehr die Kinder merken, dass sie in sämtlichen Belangen ernst genommen werden und sie ein Mitsprache- oder Vetorecht haben, desto weniger wird am Ende genörgelt oder gemeckert. Es fühlt sich einfach für alle gut an, wenn die Sache gemeinsam entschieden wurde.

„Nimm mich so, wie ich bin" – Sprache der Annahme

Manchmal höre ich mich so an: „Jimmy, warum verträgst du dich nicht wieder mit deinem Freund?, „Luise, das bunte Shirt passt nicht zu der gemusterten Hose!", „Es wäre klüger, heute eine Regenhose anzuziehen.", „Sag mal, was hat die Lehrerin denn nun zu den vergessenen Hausaufgaben gesagt?", „Man isst nicht mit den Fingern!"

Wir Eltern haben manchmal das Gefühl, unsere Kinder in die richtige Richtung biegen zu müssen. Dabei nutzen wir verschiedene Mittel. Wir ...

- befehlen („Geh jetzt ins Bett!")
- warnen („Pass auf der Straße auf!")
- reden zu („Zieh dir doch bitte was Warmes an!")
- beraten („Wären heute nicht die Gummistiefel besser?")
- belehren („Du solltest ordentlicher schreiben.")
- urteilen („Die Hose passt aber nicht zu dem T-Shirt!")
- loben („Das Bild hast du aber schön gemalt!")
- beschimpfen („Du bist so ein Dreckspatz!")
- interpretieren („Ich sehe, dass du müde bist.")
- bemitleiden („Du Armer, du hast aber heute Pech!")
- verhören („Und was hat deine Erzieherin dann gesagt?")
- lenken ab („Na komm, wir essen erst einmal ein Eis.")

Thomas Gordon, Autor der legendären „Familienkonferenz", nennt diese sprachlichen Mittel in seinem Buch „die typischen zwölf". Vielleicht fragst du dich nun, was an diesen gut gemeinten Kommunikationsmitteln schlimm sein soll, denn du willst damit ja nur das Beste für dein Kind. Aber schließlich steckt in allem, was wir zu unseren Kindern sagen, eine indirekte Botschaft. Wenn unser Kind weint und traurig ist, und wir ihm sagen, dass es keinen Grund zum Weinen gibt, weil das alles ja nicht schlimm sei, sprechen wir ihm seine

Gefühle ab und sagen ihm, dass es nicht in Ordnung ist, wie es empfindet. Wenn wir unserem Kind ungefragt helfen oder ihm eine Arbeit abnehmen, sagen wir ihm, dass wir ihm nicht zutrauen, alleine damit fertig zu werden. Mit diesen indirekten Botschaften gestalten wir die Beziehung zu unserem Kind und sagen mit unserem Verhalten auch etwas über unser Kind aus, das uns vielleicht nicht immer so bewusst ist. Unser Verhalten und unsere Worte machen einen großen Eindruck, und unser Kind wird unsere Meinung zwangsläufig übernehmen, weil wir seine engsten Bezugspersonen sind, an denen es sich orientiert.

Annehmen und zuhören

Wie können wir stattdessen mit unserem Kind sprechen? Zunächst einmal ist es nicht so einfach, von gewohnten Pfaden abzukommen. Die Sprache der Annahme, wie es bei Gordon in „Familienkonferenz" heißt, ist zwar eine gute Lösung, sie ist aber nicht von heute auf morgen erlernbar. Du kannst jedoch Schritt für Schritt üben, die Botschaften der Nicht-Annahme deutlich zu reduzieren. Das hat auch mit deinem inneren Gefühl zu tun, denn wenn du dein Kind mit all seinen Eigenarten annehmen kannst und verstehst, was hinter den Entwicklungsschritten in der Wackelzahn-Pubertät steckt, dann geht das auf jeden Fall viel leichter.

Konstruktiv mit Kindern reden

Eine Form des Annehmens ist die Nicht-Einmischung. Wir Eltern neigen dazu, unsere Kinder zu belehren. Bei den Hausaufgaben weisen wir auf eine krakelige Schrift hin oder beurteilen den kindlichen Bau einer Sandburg auf dem Spielplatz. Wir machen Vorschläge, was sie tun könnten, wenn sie gelangweilt im Zimmer sitzen, oder geben ungefragt Tipps für das Schulreferat. In dem wir Eltern uns aber eben nicht einmischen und die Beschäftigung des Kindes oder seine gefühlte Langeweile lediglich zur Kenntnis nehmen, geben wir dem Kind dabei das Gefühl, dass es in Ordnung ist, was es tut, oder dass wir wissen, dass die Langeweile vergeht und es schon eine Beschäftigung finden wird.

TIPP FÜR DEN ALLTAG

Wenn du das nächste Mal dabei zusiehst, wie dein Kind etwas baut oder bastelt, versuch mal, dich nicht einzumischen, auch wenn du einen vermeintlich besseren Weg kennst. Das Gleiche gilt für schräge, selbst gewählte Kleiderkombinationen oder Momente, in denen sich dein Kind demonstrativ langweilt.

Auch das passive Zuhören ist eine Form der Annahme. Wenn ein Kind von der Schule erzählt und dabei von einer Auseinandersetzung berichtet, sind wir Eltern schnell in Sorge, bewerten den Vorfall oder machen den Vorschlag, sich schnell wieder mit dem Freund oder der Freundin zu vertragen. Vielleicht wollte das Kind aber nur sein Herz ausschütten und von dem belastenden Erlebnis erzählen? Dann ist es froh, wenn die Mutter oder der Vater einfach aufmerksam zuhört.

Logischerweise wollen wir nicht immer nur zuhören, sondern miteinander im Gespräch sein. Dafür gibt es das aktive Zuhören. Mit sogenannten „Türöffnern“ wie „Erzähl doch mal“ oder einem einfachen „Das klingt spannend!“ können wir die Kinder dazu ermutigen, mehr zu erzählen. Um die Tür weiter offen zu halten, entschlüsselst du die Empfindungen deines Kindes und gibst sie noch einmal wieder. Das sieht dann so aus:

Dein Kind berichtet von einem Streit mit seinem Freund oder seiner Freundin und wie er sich zugetragen hat. Du könntest nun entschlüsseln und ihm antworten: „Der Streit scheint dich ja ganz schön zu ärgern." Stimmt das, wird dein Kind sicher nicken und weitererzählen. Vielleicht hast du dich aber auch geirrt und es wird sagen: „Nein, es hat mich traurig gemacht." So kann es von ganz alleine analysieren, was da gerade in ihm vorgeht. Möglicherweise erzählt das Kind weiter und macht sich damit Luft. Du könntest ihm helfen, den nächsten Schritt zu tun und es fragen: „Was meinst du, wie könntest du dein Problem lösen?" Kann sein, dass dein Kind sofort eine Idee hat. „Ich könnte morgen in der Schule noch einmal mit meinem Freund reden." Es kann natürlich auch sein, dass es gerade gar nicht nach einer Lösung sucht und einfach noch nachdenken oder etwas Abstand gewinnen möchte. „Wenn du reden willst, bin ich für dich da!" Mit diesem Satz signalisierst du deinem Kind, dass du jederzeit bereit bist, ihm wieder aktiv zuzuhören. Es ist ein erlernbarer und sehr feinfühliger Weg, um konstruktiv miteinander zu reden, ohne zu bewerten und ohne die „typischen zwölf" zu nutzen.

TIPP FÜR DEN ALLTAG

Probiere diese Form der Kommunikation mit deinem Kind mal ganz bewusst aus, wenn du gleich dieses Buch zur Seite legst. Sei nicht ungeduldig mit dir selbst, denn es bedarf viel Übung. Therapeuten lernen so etwas übrigens in einer langen Ausbildung. Aber die Mühe wird sich lohnen, und ihr bleibt besser im Gespräch, auch in Vorbereitung auf die Zeit der Pubertät. Übrigens eignet sich diese Art der Kommunikation für alle Menschen. Wenn also eine Freundin oder ein Freund, dein Partner oder deine Partnerin ein Problem hat, hör einfach mal aktiv zu.

„Dann gibt's eben kein Sandmännchen!" – Warum Strafen uns nicht weiterbringen

In manchen Momenten bin ich meinen Kindern gegenüber so hilflos. Sie tun einfach nicht das, was ich sage. Einmal hat sich Jimmy geweigert, den Tisch zu decken. Luise wollte auch lieber spielen. „Na gut, wenn ihr mir nicht helft, fällt das Fernsehen eben aus", habe ich gerufen. Wenn nichts anderes half, spielte ich die Mama-Machtkarte aus.

So habe ich es früher immer gemacht und war von der Richtigkeit überzeugt, denn die Drohung hat gewirkt – wenn auch nur kurzfristig. Am nächsten Abend stand ich allerdings vor dem gleichen Problem. Der nächste Schritt wäre eine gravierendere Drohung gewesen. Kann ich die Kinder so dazu bringen, selbst Verantwortung im Haushalt zu übernehmen?

Ich kann dir so viel verraten: Natürlich wird sich langfristig nichts ändern. Vielleicht hast auch du schon diese Erfahrung gemacht. Wenn dein Kind nicht tut, was du willst, bringen Drohungen und Strafen auf die Dauer nichts, sondern ihr kämpft den gleichen Kampf einfach immer wieder, und das Kind wird eher uneinsichtiger, deine Drohungen werden von Tag zu Tag härter. Überleg mal, wie es dir selbst geht. Wenn deine beste Freundin dir sagt, dass sie dich nicht zu ihrem Geburtstag einladen wird, wenn du sie nicht bald mal anrufst, reagierst du vermutlich ebenfalls ärgerlich und zeigst ihr in Gedanken einen Vogel. Ich habe die Erfahrung gemacht, dass Kinder in der Wackelzahn-Pubertät noch viel wütender reagieren als jüngere, denn sie spüren den Machtmissbrauch deutlicher. Wie im ersten Kapitel beschrieben möchten die Kinder diskutieren und nicht mit unserer Strafandrohung übergangen werden. Sie möchten, dass wir sie ernst nehmen und gleichwertig behandeln, und fordern diesen Respekt vehement ein.

Wie es ohne Strafen geht

Wenn du deinem Kind nun mit Sanktionen drohst, sei es Medienentzug, Nachtisch-Verzicht oder Fußball-Verbot, wird es vielleicht kurz kooperieren, aber es wird dir langfristig übel nehmen, dass du die Eltern-Machtkarte gespielt hast. Kinder haben dafür sensible Antennen und spüren diese Macht, je älter sie werden. Auf der anderen Seite rechnen sie es ihren Eltern hoch an, wenn diese sie gleichwertig behandeln. Das bedeutet nicht, dass Kinder tun und lassen können, was sie möchten. Ihr seid die Eltern und ihr gebt die Richtung vor, schließlich habt ihr die Verantwortung und das Sorgerecht. Aber es gibt andere Wege als Drohungen und Strafen, um gemeinsam als Familie zum Ziel zu kommen.

Kinder sind nie gegen uns

Geht es dir auch so, dass du das Verhalten deines Kindes als Angriff empfindest? Bei mir ist das so, wenn die Kinder mir nicht helfen wollen. Ich fühle mich mit der Arbeit allein gelassen und vermisse Wertschätzung und Dankbarkeit. „Wenn wir aber diesem Trugschluss unterliegen, beginnt ein (Macht-)Kampf zwischen Eltern und Kind, der im Ergebnis nicht das nach sich zieht, was das Kind eigentlich braucht“, schreibt Familientherapeutin Katharina Saalfrank in ihrem Buch „Kindheit ohne Strafen“.

Wenn du zum Beispiel möchtest, dass dein Kind den Tisch deckt, es aber gerade in sein Spiel vertieft ist und deshalb keine Lust hat, wird dir eine Drohung nicht helfen. Es wird vielleicht, um der Strafe zu entgehen, murrend die Teller aus dem Schrank holen, aber es wird es ungern tun und so auch niemals lernen, deine Arbeit im Haushalt wertzuschätzen. Stattdessen lernt es: „Wenn ich nicht tue, was Mama oder Papa sagen, werden sie ihre elterliche Macht gebrauchen. Sie haben mich in der Hand, und das fühlt sich schrecklich an.“ Weil die Kinder in der Wackelzahn-Pubertät beginnen, ihre Würde zu verteidigen, werden sie auf diese gefühlte Ohnmacht langfristig mit Resignation und Rückzug oder mit Wut und Aggression reagieren. Spätestens in der Pubertät wird uns das Kind durch Strafen entgleiten, da bin ich mir sicher.

Miteinander statt gegeneinander

Nun fragst du dich bestimmt, was du denn stattdessen tun kannst? Hier kommt wieder die Sache mit der Kommunikation ins Spiel. Wenn du möchtest, dass sich dein Kind im Haushalt an der Arbeit beteiligt, sag es ihm mit einer Ich-Botschaft: „Ich mache jetzt Abendessen. Kannst du schon einmal den Tisch decken, denn ich schaffe es nicht alles alleine. Wenn du es machst, wäre mir das eine große Hilfe und wir können schneller essen.“ So versteht dein Kind, warum du seine Unterstützung brauchst.

Bei uns zu Hause ist es so, dass Jimmy seine Spiele sehr wichtig nimmt und ungern dabei unterbrochen wird. Will er mir nicht helfen, weil er gerade noch sein Spiel fertig machen möchte, frage ich ihn, ob er den Tisch deckt, sobald das Spiel zu Ende ist. Ich kann dir aus Erfahrung sagen, dass ein Kind dein Entgegenkommen sehr schätzt und so fast immer bereit ist, einen Kompromiss zu finden. Jimmy und ich haben auch schon abgemacht, dass er nicht deckt, dafür aber den Tisch abräumt. Verzichten wir auf den Machtkampf, bekommt das Kind das, was es in so einer Situation laut Katharina Saalfrank braucht: Es sammelt wichtige Erfahrungen (wir finden eine Lösung, wenn beide Seiten den Wunsch des anderen berücksichtigen) und lernt den Umgang mit seinen eigenen Emotionen (ich möchte jetzt gerade auf keinen Fall den Tisch decken, aber ich kann mich darauf einlassen, es später zu tun, denn Mama braucht meine Hilfe).

ATEMPAUSE FÜR ELTERN

Alte Gewohnheiten zu verändern ist für uns Eltern nicht leicht. Oft sind wir selbst mit Drohungen und Strafen aufgewachsen und kennen keine andere Methode, mit Kindern umzugehen. Also sei nicht nur geduldig mit deinen Kindern, sondern vor allem mit dir selbst. Sich von alten Gewohnheiten abzuwenden und neue Wege zu gehen ist nicht immer einfach. Wenn dir die Konflikte mit deinem Kind in der Wackelzahn-Pubertät mal wieder über den Kopf wachsen, zieh dich zurück, trink in Ruhe einen Kaffee und sei gut zu dir selbst.

Ihr schafft das!

Vermutlich wird es dir zu Beginn schwerfallen, nicht die Machtkarte zu ziehen. Ohne dieses altbewährte Mittel fühlt man sich gegenüber seinem Kind anfangs sehr hilflos. Ich kann dich jedoch nur ermutigen, es auszuprobieren. Mit der Sprache der Annahme hast du ein gutes Mittel, mit deinem Kind ins Gespräch zu kommen und Konflikte auf Augenhöhe zu lösen. Anstatt Drohungen auszusprechen oder das Kind zu bestrafen, versuch mal, mit ihm über den Konfliktpunkt ins Gespräch zu kommen. Die Wahrung der eigenen Integrität wird wichtiger, je älter die Kinder sind und Strafen hinterlassen ein Gefühl der Würdelosigkeit. Du kennst das sicher, wenn du einen Strafzettel bekommen hast. Im öffentlichen Verkehr kommen wir nicht ohne solche Strafen aus. Zu Hause mit unseren Kindern schon, davon bin ich fest überzeugt.

TIPP FÜR DEN ALLTAG

Wenn du dir mit deinem Kind uneinig bist und einfach keine bessere Idee hast, als ihm mit einer Strafe zu drohen, halte inne und bitte um kurze Bedenkzeit. Wenn die akute Wut über das Verhalten deines Kindes verraucht ist, probiere noch einmal, mit ihm ins Gespräch zu kommen. Sprich in der Sprache der Annahme, erkläre aber auch deine eigenen Gefühle. Sieh den Konflikt nicht als Bedrohung und das Verhalten deines Kindes nicht als Angriff an. Zeig ihm, dass du seine Integrität wahren möchtest und versucht, eine Lösung zu finden. Ich wette, es wird euch gelingen! Wenn du noch mehr Informationen über einen Weg ohne Strafen haben möchtest, findest du in → „Buchtipps für Eltern" im Anhang ein paar gute Bücher, die dir weiterhelfen.

Knifflige Frage: Mein Kind lügt wie gedruckt!

Zunächst einmal: Es gibt wohl kaum ein Kind zwischen fünf und zehn Jahren, das niemals lügt. Kinder sind in der Regel mit vier Jahren dazu in der Lage, sich in andere hineinzuversetzen und deren Perspektive einzunehmen, heißt es im Buch „Das gewünschteste Wunschkind aller Zeiten treibt mich in den Wahnsinn" von Danielle Graf und Katja Seide. „In diesem Alter beginnen viele Kinder zu lügen, dass sich die Balken biegen." Auch ich habe meine Kinder dabei ertappt, wie sie geflunkert haben, und meist habe ich es als Erstes ihrem Gesichtsausdruck angesehen. Logisch, dass wir dieses Verhalten nicht gut finden. Falls du dein Kind also beim Flunkern erwischst, sag ihm ruhig, dass Lügen nicht in Ordnung ist. Aber es ist nicht boshaft gemeint, sondern lediglich ein Ausprobieren einer neu erlernten Fähigkeit, schreiben die Autorinnen des Wunschkind-Buches. Manchmal erzählen Kinder in dem Alter auch Unwahrheiten, weil sie sich wünschten, es wäre so, oder weil die Fantasie mit ihnen durchgeht. Daher solltest du dein Kind nicht beschämen, sondern lieber mit ihm darüber sprechen, was passiert, wenn der eine lügt und der andere die Lüge glaubt.

Sollte dein Kind dauerhaft lügen, könnte es auch daran liegen, dass es mit diesem Verhalten möglichen Strafen entgehen möchte. Im Wunschkind-Buch wird eine Untersuchung beschrieben, in der eine Gruppe kanadischer Forscher von der McGill Universität in Montreal herausfand, dass Kinder, deren Eltern mit negativen Konsequenzen für das Lügen drohten, noch mehr logen. Auch in Thomas Gordons „Familienkonferenz" ist die Rede davon, dass Kinder durch Lügen lernen, sich Strafen zu ersparen. Sie wüssten schnell, was ihre Eltern billigten oder missbilligten. Ist ja eigentlich logisch: Wer spürt, wie er durch Strafen manipuliert wird, beginnt selbst zu manipulieren, zum Beispiel indem er lügt. Für dich heißt das konkret: Wenn dein Kind ab und an ein wenig flunkert, ist das nicht schlimm. Wird dies aber zu einer Gewohnheit, könnte es daran liegen, dass es von seinen Eltern Strafen befürchtet. Ein Grund mehr, sich mit der straffreien Erziehung auseinanderzusetzen. Das könnte eure Lösung sein!

Experteninterview: Richtig kommunizieren mit Wackelzahn-Rebellen

Dr. Isabel Gößwein ist Mutter von fünf Kindern, Musikerin, Schulleiterin einer Grundschule, Grundschulpädagogin, systemische Beraterin, Eltern-Coach und kennt sich mit „mutgebender Pädagogik" bestens aus. Außerdem beschäftigt sie sich schwerpunktmäßig mit dem Konzept der Gewaltfreien Kommunikation im Familienalltag.

Was bedeutet für dich gute Kommunikation in der Familie und wie sprichst du mit deinen eigenen Kindern oder deinen Schülern und Schülerinnen?

Dr. Isabel Gößwein: Meine Grundlage, wie ich mit Kindern spreche, basiert unter anderem auf der Gewaltfreien Kommunikation (nach Marshall M. Rosenberg). So spreche ich auch schon mit Babys und Kleinkindern. Es ist eine sehr achtsame Kommunikation, die über Gefühle und Bedürfnisse geht und so ermöglicht, mit sich selbst und dem anderen ganz eng verbunden zu sein. Ich höre hinter die Worte und kann vieles, was sonst in Machtkämpfen resultieren würde, einfach so stehen lassen und reagiere lieber auf die Bedürfnisse, die dahinter stehen. Und wenn ich um etwas bitte, dann ist es wirklich eine Bitte und kein Befehl.

Die Grundeinstellung ist, dass ich keine Macht ÜBER andere habe, sondern Macht MIT anderen. Das fördert die Freiheit des Einzelnen und führt dazu, dass alle am Ende zufrieden sind, Lösungen gefunden zu haben. Diese gemeinsame Macht in der Kommunikation ist ganz wichtig für Kinder, wenn sie fünf oder sechs Jahre alt sind.

Bei der Gewaltfreien Kommunikation verzichten wir auf Bewertungen und Vergleiche, denn die bringen nur Unfrieden. Sobald ich mich mit anderen vergleiche, geht es mir und auch dem anderen nicht gut. Sobald ich bewerte, habe ich den anderen nicht verstanden.

Was verändert sich deiner Ansicht nach in der Kommunikation, wenn Kinder in die Wackelzahn-Pubertät kommen?

Dr. Isabel Gößwein: In diesem Alter passiert so viel in ihrem Leben. Sie gehen weg vom Kindergarten und in die Schule, dort gibt es neue Regeln und sie müssen sich am Vormittag stark konzentrieren. Wenn sie dann zu den Eltern nach Hause kommen, brauchen sie es, dass wir nachfragen und mit ihnen sprechen.

Wenn Kinder klein sind, verstehen sie vieles noch nicht, und sie können nicht genau sagen, was sie brauchen. Wir erklären dann und fragen nach: Hast du Durst, hast du Hunger, was brauchst du? Wenn unsere Kinder dann mit fünf Jahren gut sprechen können, hören wir auf zu fragen. Stattdessen werden wir ungeduldig. Das Kind ist doch so groß, es kann doch verstehen, was ich von ihm will. Warum tut es das nicht? Interessanterweise kann man schon in diesen Sätzen meine Interpretationen und Bewertungen hören – „schon SO groß“ und „es kann DOCH schon sprechen“. Genau deshalb ist es dann gut, wieder einen Schritt zurückzugehen, denn das Kind braucht in der Wackelzahn-Pubertät viel Begleitung in der Kommunikation.

Deshalb sollten wir gerade jetzt wieder nachfragen: Sag mal, was brauchst du gerade? Woran könnte es liegen, dass du heute so traurig bist? Dann können die Kinder über ihr Bedürfnis nachdenken, es äußern und wir haben ganz viel gewonnen. Wir Eltern interpretieren das Verhalten der Kinder viel zu schnell entlang unserer eigenen erwachsenen Bedürfnisse, anstelle sie selbst nach dem Grund zu fragen. Und wenn ich interpretiere, dann kann ich ja mein Kind fragen: „Du, kann es sein, dass du ...?“ Das ermöglicht unseren Kindern, uns zuzustimmen oder aber auch sagen zu können, was sie tatsächlich bewegt. Sie fühlen sich gehört.

Diese Erfahrung habe ich auch mit den Schulkindern gemacht. Ich hatte dieses Jahr zum ersten Mal eine erste Klasse und habe mit ihnen als Erstes trainiert, Gefühle zu äußern. Ganz vielen Kindern fiel das sehr schwer. Abgesehen von den Gefühlen ist es dann noch schwerer für sie, die Bedürfnisse hinter den Gefühlen zu erkennen. Aber genau im Wackelzahn-Alter ist der richtige Zeitpunkt, darüber zu reden.

Toll ist, wenn Eltern mit ihren Kindern über Bedürfnisse und Gefühle sprechen und die Kinder sie auf diese Weise lernen.

Warum haben wir das Gefühl, die Kinder werden in der Wackelzahn-Pubertät frecher?

Dr. Isabel Gößwein: Wir fühlen uns in der Diskussion mit ihnen manchmal hilf- und machtlos, weil wir ein bestimmtes Bedürfnis oder eine Erwartung an das Kind haben und es nicht das tut, was wir von ihm möchten (Unterschied Bitte – Befehl). Das nennen wir dann frech und bewerten damit sein Verhalten moralisch. Wir möchten etwas gegen das Frechsein tun und kommen dann in diese Machtspirale hinein, damit das Kind so handelt, wie wir es wollen.

Wenn Kinder etwas sagen, dass wir als frech oder ungebührlich empfinden, tut es uns als Eltern gut, einen Schritt zurückzugehen und das Gesagte nicht auf uns zu beziehen: Es geht nicht um mich, das Kind möchte mir nichts Böses. Es ist nur eine Information für uns, wenn das Kind zum Beispiel sagt: „Mama, du bist blöd.“ Am besten, wir fragen dann nach. Was ist passiert? Was ärgert dich so?

Manchmal ist uns das vermeintliche Frechsein unserer Kinder in der Öffentlichkeit peinlich. Wir kommen oft in Situationen mit den Kindern, in denen ihr Verhalten genau beobachtet und bewertet wird. Es heißt dann möglicherweise: Die Kinder sind aber frech oder die sind nicht gut erzogen. Von diesen moralischen Bewertungen der Gesellschaft sollten wir uns in Bezug auf unsere Kinder frei machen.

Was gilt es für Eltern in der Kommunikation mit Kindern noch zu beachten?

Dr. Isabel Gößwein: So, wie die kleinen Kinder in der Trotzphase Autonomiebestrebungen entwickeln, passiert es noch einmal in der Wackelzahn-Pubertät. Dann werden die Kinder durch die Umwelt geprägt, die sie stark in diese Autonomie-Rolle drängt, denn in der Grundschule erwartet man mehr von ihnen als im Kindergarten. Aber oft wissen sie noch gar nicht so richtig, welche Rolle sie nun erfüllen sollen. Sie sollen sich behaupten und möchten das auch gerne, sind aber gleichzeitig sehr verunsichert.

Einerseits fühlen sie sich groß, andererseits noch ganz klein. Manchmal wollen sie am liebsten wieder ein Baby sein, sprechen in Babysprache und möchten, dass wir alles für sie tun. Das kann uns Erwachsene wahnsinnig machen. Spannend ist: Wenn man dem nachgibt, man lässt sein Kind also wieder ein bisschen Baby sein und akzeptiert dieses Verhalten, dann ist es auch ganz schnell vorbei.

Wie können wir Eltern bei Geschwisterstreit reagieren?

Dr. Isabel Gößwein: In diesem Alter gibt es oft Streit zwischen Geschwistern. Häufig geht es dabei um Gerechtigkeit und um den Vergleich. Kinder fragen dann: Wieso bekommt der IMMER das, oder warum darf sie IMMER jenes? Bei uns war das auch so, es ging zum Beispiel um Kleidung. Irgendwann habe ich mein Kind gefragt: Sag doch einfach, was DU dir wünschst. Wünschst du dir auch so eine Hose wie deine Schwester? Indem die Kinder lernen, ihren eigenen Wunsch zu formulieren, hören sie auf, sich ständig zu vergleichen. Je öfter wir sie also fragen, welcher Wunsch hinter dem Vergleich steckt, desto öfter kann das Kind seine Wünsche formulieren. Ansonsten kann dieses ewige Vergleichen in der Geschwisterbeziehung viel kaputt machen.

Wie reagierst du auf Schimpfwörter?

Dr. Isabel Gößwein: Es kommt bei Schimpfwörtern darauf an. Wenn meine Kinder oder Schulkinder sie sagen, dann nehme ich das auf und wir reden darüber. Wann sagt man so ein Schimpfwort eigentlich? Manchmal ist es ja ein Wort aus einem Rap- oder Hip-Hop-Text. Das ist sehr spannend. Wir können besprechen, wie das Wort in unserer Gesellschaft gesehen wird und dass man mit dem Aussprechen dieser Wörter einen bestimmten Eindruck bei anderen erweckt. Vielleicht fehlen den Kindern auch die Worte und sie nutzen Schimpfwörter deshalb. Dann kann man sich auf Wörtersuche machen. Was könntet ihr stattdessen sagen?

Das macht Kinder sensibel für ihren Sprachgebrauch, und sie merken, dass es Wörter gibt, die nicht passend sind. Aber sie dürfen die Schimpfwörter ruhig mal aussprechen. Das sollten wir als Eltern zulassen, sie auch mal ignorieren oder es mit Humor sehen.

BÄRENSTARK UND SELBSTBEWUSST

Wir müssen unsere Kinder gar nicht stark machen, das sind sie schon von Geburt an. Aber wir können viel dafür tun, dass sie es auch bleiben und sich zu selbstbewussten Menschen entwickeln können. Sie so anzunehmen, wie sie sind, ist dabei die Grundlage. Wichtig ist auch, aus der Kindheit keine Krankheit zu machen. Dafür habe ich Kinderärzte um Rat gebeten, die dir Tipps für eine gesunde Entwicklung deines Kindes geben. Zum Schluss dieses Kapitels erzähle ich dir noch, welche Rechte dein Kind hat, von denen wir Eltern oft gar nichts wissen.

„Ich bin gut so, wie ich bin!" – Selbstbewusstsein von Kindern stärken

Nicht immer fällt es mir leicht, meine Kinder so anzunehmen, wie sie sind. Zum Beispiel finde ich es schade, dass eines meiner Kinder kein Interesse an Musik, an Tieren oder an der Natur hat. Es sitzt am liebsten in seinem Zimmer und spielt mit dem Tischkicker, dabei notiert es die Ergebnisse akribisch in ein Heft. Seine Geschwister sind in dieser Hinsicht ganz anders.

Hast du dir auch schon einmal solche Gedanken über dein Kind gemacht? Vielleicht hast du dich gefragt, warum es wohl immer so laut und stürmisch ist oder woher seine Schüchternheit kommt. Wieso hat es so seltsame Interessen oder ist vom Wesen ganz anders als seine Eltern? Wir stehen alle manchmal vor unserem Kind und glauben, es kommt von einem anderen Stern. Erst war es ein süßes Baby, dann ein drolliges Kleinkind und jetzt wird es immer mehr zu einem Kind mit Ecken und Kanten. Es entwickeln sich die unterschiedlichsten Leidenschaften, es kommen ein paar Eigenarten dazu und ein paar Charakterzüge, die uns womöglich überraschen oder uns seltsam erscheinen. Am Ende kommt es darauf an, dass wir es lieben mit all seinen Wunderlichkeiten und Liebreizen und seinem eigenen Wesen, auf das wir viel weniger Einfluss haben, als wir glauben. Jeden Tag zu spüren, dass man geliebt wird, das lässt unser Kind stark sein.

Unter Beobachtung

Im Kindergarten und später in der Grundschule begegnen wir Eltern vielen anderen Kindern und haben die Möglichkeit zum Vergleich. Dann sind da noch die Untersuchungen beim Kinderarzt oder bei der Kinderärztin mit all den Tabellen und Listen, in die sich unser Kind womöglich nicht immer penibel reinpressen lässt. Vielleicht teilt uns die Erzieherin mit, das Kind sei ihrer Meinung nach noch nicht schulreif oder die Klassenlehrerin findet die Stifthaltung des Kindes nicht altersentsprechend. Jedenfalls wird dadurch verstärkt, dass wir Eltern unser Kind mit kritischem Blick betrachten und deshalb vielleicht viel zu oft befürchten, dass etwas in der Entwicklung anders verläuft als normal.

Kinder sind verschieden

Wie du weißt, wundere ich mich ab und zu über mein Kind, schaue mir dann das Nachbarskind an, das mit Freude ins Schulorchester geht und am liebsten draußen an der frischen Luft spielt. Kurz finde ich, dass das andere Kind normal und mein Stubenhocker mit dem Hang zum Erstellen von Listen und Tabellen seltsam ist. Ist das wohl alles eine normale Entwicklung oder schon eine psychische Besonderheit, die abgeklärt werden muss? Im nächsten Moment wird mir wieder klar, dass ich völligen Quatsch denke und mich unnötige Zweifel plagen. Wir Menschen sind alle grundverschieden und unsere Vorlieben und unsere Charaktere sehr unterschiedlich.

Kleinkinder ähneln sich alle ein wenig, aber je älter ein Kind wird, desto mehr zeigt sich seine Individualität. Mit zwei, drei Jahren werden Kinder schnell wütend, wenn man ihnen etwas wegnimmt, sie sind knatschig, wenn sie müde werden. Die meisten lieben Bauklötze, Autos und Puppen sowie Bilderbücher und Kinderlieder. In der Wackelzahn-Pubertät verändert sich das, und jedes Kind entwickelt Vorlieben und Abneigungen, die nicht mehr ganz so allgemeingültig sind. Was sie aber alle gemeinsam haben, ist das große Bedürfnis, von den ihnen nahestehenden Menschen so angenommen zu werden, wie sie sind. Kinder tragen alles, was sie für ihre Entwicklung brauchen, bereits in sich.

TIPP FÜR DEN ALLTAG

Achte mal im Alltag darauf: Es gibt sicher Dinge, die dich an deinem Kind nerven oder die du seltsam findest. Das geht allen Eltern so. Versuch mal, diese Eigenart als Teil von diesem Kind hinzunehmen. Vergleiche dein Kind nicht mit seinen Altersgenossen und vertrau darauf, dass sich mit der Zeit alles von alleine entwickelt.

„Mama, mach dir keine Sorgen!“ – Kindheit ist keine Krankheit

„Seine Stifthaltung ist schlecht, das wird für ihn in der Schule schwierig!“ Die Erzieherin im letzten Kindergartenjahr meines Sohnes riet mir zur Ergotherapie. Ich hatte so viel um die Ohren und vergaß, mich darum zu kümmern. Heute bin ich darüber froh. Mein Sohn, der nie gern gemalt hat, musste sich zwar etwas mehr anstrengen, aber nach ein paar Monaten in der Schule hatte er kaum noch Probleme mit der Stifthaltung.

Wir sorgen uns sehr um unsere Kinder, wenn irgendetwas Anlass dazu gibt. Kein Wunder – wir sind für sie verantwortlich, wir lieben sie und möchten nur das Beste für unsere Söhne und Töchter. Aber mein Eindruck ist, dass wir Eltern heute manchmal ein wenig über das Ziel hinausschießen. Wir suchen im Internet nach möglichen Diagnosen, finden Rat in ominösen Foren oder diskutieren mit anderen Eltern über jeden kleinen Entwicklungsschritt.

Das Problem an dieser scharfen Beobachtung ist nur, dass wir dort eine Störung und hier eine Entwicklungsverzögerung vermuten, die eigentlich gar keine ist. Kinder entwickeln sich sehr unterschiedlich und im Normalfall aus eigener Kraft. Weil wir heute so viele Informationen aus dem Netz beziehen können und deshalb gerne erst einmal selbst Diagnosen stellen, ist die Gefahr groß, dass wir unsere eigentlich gesunden Kinder für krank erklären, weil uns irgendetwas merkwürdig erscheint. Anstelle auf unser Gefühl zu vertrauen, das uns Eltern im Normalfall ganz gute Dienste erweist, lesen wir Warnungen in Elternforen oder zweifelhafte Ratschläge, die wir auf diversen Internetseiten finden, fühlen uns dadurch verunsichert und wittern manchmal viel zu schnell Gefahr, was sich im Nachhinein fast immer als unnötig erweist.

Hab Vertrauen in die Entwicklung

Daher kann ich dir nur raten, zunächst einmal ganz viel Vertrauen in dein Kind zu haben. Wenn dir Besonderheiten auffallen, beobachte sie einmal eine Weile. Auch wenn es dir schwerfällt, bleib gelassen und recherchiere nicht in Online-Foren. Wende dich lieber an deinen Kinderarzt oder deine Kinderärztin und bespreche dein Anliegen am besten nicht vor deinem Kind. Sei immer vorsichtig mit Therapievorschlägen und überleg dir zusammen mit Menschen vom Fach in Ruhe, ob sie wirklich notwendig sind.

Sicher kennst du diese schrecklichen Nachmittage, die ihr in Praxen verbringt. Die Fahrt dahin war lang, das Kind ist müde von der Schule oder vom Kindergarten, soll nun hier sitzen, warten und anschließend Therapieübungen machen. Natürlich ist es ein Glück, dass es Ergotherapeuten, Logopäden oder Physiotherapeuten bei uns gibt und wir Zugang zu den Therapien haben. Aber wir sollten sie nur in Anspruch nehmen, wenn wir sie wirklich brauchen und kein Weg daran vorbeiführt. Unnötige Therapiestunden geben unseren Kindern nur das Gefühl, nicht „richtig“ zu sein, und wir belegen Plätze für Kinder, die sie aufgrund von Krankheiten oder Behinderungen wirklich brauchen. Manchmal fehlt uns das Vertrauen in die eigenen Kinder, die ja nicht als Mangelwesen auf die Welt kommen, sondern mit einer tollen Ausstattung, die sie von Anfang an für das Leben wappnet.

Expertenrat: Selbstständigkeit fördern und Kinder gesund groß werden lassen

Um dir hier auch Expertenwissen mitzugeben, habe ich zwei Kinderärztinnen und einen Kinderarzt zur Entwicklung von Kindern in der Wackelzahn-Pubertät befragt und eine Menge hilfreicher Vorschläge bekommen, die ich hier der Übersichtlichkeit halber zusammenfasse.

Heute müssen viele Kinder zur Ergotherapie und zur Logopädie, Kinderarzt und Buchautor Dr. Michael Hauch warnt davor, aus der Kindheit eine Krankheit und aus jeder kleinen Entwicklungsverzögerung ein Problem zu machen. Was können Eltern tun, um einer vielleicht unnötigen Therapie aus dem Weg zu gehen?

Wichtig ist, dass Eltern ihre Kinder zur Selbstständigkeit erziehen. Heute nehmen Mamas und Papas ihren Kindern viel zu viel ab: Obst zu schälen und ein Brot zu schmieren zum Beispiel. Dadurch, dass ihnen solche Übungen abgenommen werden, können die Kinder ihre Feinmotorik aber nicht schulen. Eltern sollten diese Aufgaben von ihren Kindern einfordern. Ebenso den Tisch zu decken oder ein Telefonat zu führen, denn das ist gut für die Wahrnehmung und die Kognition. Die Kinder mit zum Einkaufen nehmen, selbstständiges Anziehen fördern und sie immer wieder neu ermutigen, wenn etwas nicht klappt – dann sind bestmögliche Entwicklungsfortschritte zu machen.

Manchmal führt eine mangelhafte Stifthaltung in der Schule zu Ergotherapie-Stunden. Können Eltern dem zu Hause vorbeugen?

Vor allem Jungen, die manchmal nicht so gerne basteln oder malen und dann im freien Beschäftigungsangebot der Kindergärten seltener Schere und Stifte in die Hand nehmen, üben das am besten zu Hause. Beim Basteln und Ausschneiden trainieren die Kinder die Feinmotorik. So gibt's dann später in der Schule auch keine Probleme mit der falschen Stifthaltung. Lehrer empfehlen manchmal aus diesem Grund eine Ergotherapie, aber in vielen Fällen kann basteln und malen zu Hause schon helfen. Empfehlenswert als Hilfe sind Dreikantstifte oder Schreiblernhilfen, die man an den Stift stecken kann. Erst wenn das alles nicht geholfen hat, könnte eine Ergotherapie sinnvoll sein.

Kindern fällt das Stillsitzen in der Grundschule schon mal schwer. Wie können Eltern hier Abhilfe schaffen?

Wenn Kinder in der Schule unruhig sind, könnte das auch an Bewegungsmangel liegen. Deshalb ist es gut, wenn sie sich nach der Schule viel draußen bewegen und nicht vor dem Fernseher sitzen. Bewusst draußen sein, Fahrrad fahren und auf den Spielplatz gehen, das ist ein sinnvoller Ausgleich zum Unterricht. Steht der Verdacht auf ADHS im Raum oder kommen Lehrer oder Lehrerinnen mit so einer Vermutung auf die Eltern zu, kann der Kinderarzt oder die Kinderärztin als Erstes testen, ob das Kind gut sieht und hört. Das ist übrigens auch ein Grund, warum die regelmäßigen Untersuchungen so wichtig sind, gerade im kritischen Entwicklungsalter von fünfeinviertel Jahren, also zu Beginn der Wackelzahn-Pubertät.

ADHS ist mit fünf, sechs Jahren gut erkennbar. Mit der Einschulung geht es meist los mit den Schwierigkeiten, weil Kinder nicht ruhig sitzen bleiben können und auch die Bewegung am Nachmittag nichts hilft. Übrigens ist es daher sehr sinnvoll, wenn Eltern dem Kinderarzt oder der Kinderärztin die Freigabe erteilen, sich mit dem Kindergarten oder den Lehrern auszutauschen. Dann sind die Infos gebündelt und gemeinsam beratschlagt das Fachpersonal, was das Beste für das Kind ist und ob es eine Therapie wirklich braucht.

Was können Eltern noch tun, um ihre Kinder zu fördern und ihnen im Wackelzahn-Alter ein gesundes Aufwachsen zu ermöglichen?

Viel Vorlesen ist immer gut, um den Wortschatz aufzubauen. Sich viel miteinander unterhalten und gemeinsam Gesellschaftsspiele spielen, das bringt vor allem etwas für die Konzentration. Alleine durch einen vernünftig strukturierten Alltag mit viel Zeit an der frischen Luft können Eltern ihre Kinder fördern. Klettern auf dem Spielplatz, balancieren im Wald, ein paar gemeinsame Gesellschaftsspiele, ab und zu zusammen basteln und malen und den Kindern nicht immer alles abnehmen – so trainieren die Kinder alle Fähigkeiten, die sie brauchen.

„Ich bin groß – ich bin klein" – Zwiespältige Gefühle sicher begleiten

Erst neulich war ich über meine Tochter erstaunt, die ganz alleine losmarschierte, um beim Bäcker Brötchen zu holen. Wie mutig sie mit ihren sechs Jahren schon ist! Am Abend kam sie mir aber wieder ganz klein vor. Sie kuschelte sich im Bett an mich und wollte nicht allein gelassen werden.

Ich finde die Altersspanne zwischen fünf und zehn Jahren bei Kindern besonders spannend, weil da so unglaublich viel passiert. Sie sind längst keine Kleinkinder mehr, sondern fangen langsam an, immer selbstständiger zu werden. Jedes Kind hat dabei sein eigenes Tempo, aber im Kern ist ihr Ziel, für das Leben zu lernen, Erfahrungen zu machen und sich mit den Jahren aus der Abhängigkeit der Eltern zu lösen, um als junge Erwachsene ein eigenes Leben zu führen. In der Wackelzahn-Pubertät werden für dieses selbstständige Leben die ersten Weichen gestellt: Die Kinder finden Freunde und wollen ihre Freizeit mit ihnen verbringen. Sie kaufen sich etwas von ihrem eigenen Taschengeld, sie suchen sich ein Hobby und bestreiten ihren Schulalltag eigenständig.

Wenn der Mut abhandenkommt

Vielleicht hast du auch gemerkt, dass dein Kind Lust darauf hat, etwas alleine auszuprobieren, bei dem es vorher immer Hilfe von dir bekam. Jetzt ist die Zeit, es darin zu bestärken. Die Erfahrung, alleine einkaufen zu gehen oder bei einem Freund zu übernachten, ermutigt dein Kind und fördert das Vertrauen in sich selbst. Dabei kann es passieren, dass es auf halbem Weg der Mut verlässt. Es kommt ohne Brötchen zurück, weil es sich nicht getraut hat, mit der Verkäuferin zu sprechen. Oder du musst dein Kind nachts von der Übernachtungsparty abholen, weil es vom Heimweh übermannt wurde. Nun braucht es deinen Trost und das Gefühl, dass es nicht schlimm ist, auch mal ein Vorhaben abzubrechen. „Beim nächsten Mal klappt es bestimmt, lass dir Zeit!“ Mit diesem Mantra, das du ihm immer mal wieder vorsagen kannst, lernt es eine wichtige Lektion: Scheitern ist nicht schlimm und gehört zum Leben dazu.

TIPP FÜR DEN ALLTAG

Meine Tochter und ich singen immer das schöne Lied von Rolf Zuckowski „Ich schaff das schon“, wenn ihr der Mut abhandenkommt. Der Refrain heißt:

Ich schaff das schon, ich schaff das schon, ich schaff das ganz alleine. Ich komm bestimmt, ich komm bestimmt auch wieder auf die Beine. Ich brauch dazu, ich brauch dazu vielleicht 'ne Menge Kraft. Doch ich hab immerhin schon ganz was anderes geschafft.

Mittlerweile summen das auch Luises Brüder vor sich hin, wenn sie sich unsicher sind, ob etwas gelingen wird. Probiert es mal aus! (Hilft übrigens auch Erwachsenen …)

Flügel geben – Kuschelnest bereithalten

Meine Kinder kommen mir in einem Moment sehr groß und selbstständig vor, im nächsten Moment kuscheln sie sich auf meinen Schoß. Das Schulkind ist den halben Tag draußen unterwegs und lässt sich nicht blicken, braucht uns Eltern aber abends umso nötiger und lässt sich Bücher vorlesen und kraulen. Ist ja auch kein Wunder: Wer viel Neues entdeckt, sich von zu Hause weg traut und eigene Erfahrungen macht, muss umso mehr auftanken – und zwar Kuscheleinheiten, Liebe und Zuneigung. Daher wundere dich nicht, dass dein Kind ein zwiespältiges Verhalten an den Tag legt. Zuerst will es groß sein und fordert Freiheit ein, dann ist es auf einmal wieder sehr anlehnungsbedürftig und verhält sich wie ein kleines Kind.

Wichtig ist, dein Kind nicht nach dem Motto aufzuziehen: „Soso, erst eins auf groß machen und nun Baby spielen." Es ist ja selbst hin- und hergerissen zwischen seinen Gefühlen, groß werden zu wollen und sich wieder klitzeklein zu fühlen. Bei uns Eltern können sie beides sein, mutiger Weltentdecker und schmusebedürftiges Häschen. Vielleicht möchte dein Kind auch sogenannte Baby- oder Regressionsspiele spielen. Es spricht wie ein Kleinkind, will wie ein Baby im Arm gehalten werden und steckt sich den Daumen in den Mund. Das kann ein wenig nervig sein, aber manchmal überwindet es damit auch unangenehme Gefühle wie Angst oder Stress. Indem du das Spiel mitspielst und ihm zeigst, dass es jederzeit auch wieder klein sein darf, kann es in deinen Armen Stress verarbeiten und Kraft tanken. Auch ein großes Grundschulkind genießt den Moment, wenn es ein wenig hin und her gewiegt wird. Sing ihm was vor, streichele ihm über den Kopf und sag ihm, wie lieb du es hast.

TIPP FÜR DEN ALLTAG

Meine Kinder und ich haben abends den Komplimente-Kreis ins Leben gerufen. Bevor sie unter die Decke schlüpfen und wir eine Geschichte lesen, sagen wir uns im Kreis herum ein schönes Kompliment. „Ich fand es heute toll, wie du deine Schwester getröstet hast. Das hat mich sehr berührt", sage ich zu Jimmy. „Du hast heute die Süßigkeiten für mich aufgehoben, das war lieb von dir", sagt der große Bruder zu seiner Schwester, die er kurz vorher noch wütend durch das Haus gejagt hat. „Und du, Mama, machst den allerbesten Pfannkuchen der Welt", sagt Luise zu mir. Ich wette, der Tag endet so für alle noch viel schöner.

„Wir sind ein gutes Team!" – Interesse zeigen und Bindung stärken

„Na, wie war es heute in der Schule?", frage ich meinen Sohn, als er nach Hause kommt. Eigentlich möchte ich wissen, was er gelernt hat und wie der Test in Mathe war.
„Toll war's. Ich habe in der Pause ein Tor geschossen und ein anderes vorbereitet. Willst du wissen, wie?" Und schon spielt er die Szene mit einem Luftballon nach. Alles andere ist für ihn nicht der Rede wert.

Kinder haben eine ganz andere Sichtweise auf das Leben, und es ist wunderbar entschleunigend, sich darauf einzulassen. Sie leben im Hier und Jetzt, haben nicht dauernd ihre Zukunft im Visier, dafür aber ständig etwas zu lachen. Wir, ihre Eltern, nehmen vieles ernster. Der anstehende Mathetest in der Schule könnte zeigen, wie naturwissenschaftlich begabt das Kind ist. Wir möchten wissen, wie beliebt unser Kind in der Klasse ist und ob es Freunde hat. Das Kind selbst hält oft nicht viel von solchen Themen. Es erfreut sich an der großen Pause, am Kuchenbuffet der 4b oder eben am Fußballspiel nach dem Unterricht. Wenn wir an seinem Leben teilhaben wollen, hilft es, seine Perspektive einzunehmen. Wenn dein Kind merkt, dass du dich wirklich für sein Lieblingsspiel, sein Hobby oder seine Sammelkarten interessierst, wird es dir eine Menge erzählen. Seitdem ich weiß, wie wichtig meinem Sohn die Pausen sind, frage ich ihn nur noch danach. Lust, mir vom Unterricht zu erzählen, hat er selten. Das habe ich akzeptiert und halte meine Neugierde zwangsläufig im Zaun. Bei meiner Tochter ist das anders. Sie erzählt gerne und bringt viel von ihrem Alltag im Kindergarten mit nach Hause. Das Wissen darüber, wie unsere Kinder den Vormittag verbringen und was sie dort erleben, ist kein Elternrecht. Für manche Kinder ist es so wenig erzählenswert wie für uns die Abläufe im Büro. Andere Kinder berichten gerne und geben bereitwillig Auskunft.

Schweigen akzeptieren

Über ein paar Themen möchten die Kinder ungern sprechen, und wir sollten sie nicht dazu zwingen. Ich habe das Gefühl, dass sie merken, wenn wir typische Erwachsenenfragen nach der Schule stellen oder wissen wollen, ob sich der Streit mit der Freundin gelegt hat. Das zu respektieren ist wichtig, denn wenn das Vertrauensverhältnis gut ist, wird dein Kind von alleine zu dir kommen, wenn es dich braucht. Das gute Verhältnis kommt dann zustande, wenn wir respektvoll miteinander umgehen und hinnehmen, dass das Kind über ein paar Dinge nicht reden will.

Miteinander ins Gespräch kommen

Du hast das Gefühl, dein Kind redet nicht gerne? Tatsächlich erschließt sich Kindern die Art nicht, wie wir Erwachsene miteinander sprechen. Sich gegenüberzusitzen und sich zu unterhalten – viele Kinder finden das eine komische oder künstliche Situation. Besser klappt es, wenn es nebenbei etwas zu tun gibt. Versucht mal, im Auto oder bei einer gemeinsamen Tätigkeit miteinander ins Gespräch zu kommen. Stell deinem Kind eine Frage wie:

- Was machst du in deiner freien Zeit eigentlich am liebsten?
- Welcher Spieler ist denn nun dein Lieblings-Fußballer?
- Möchtest du immer noch so gerne reiten lernen?
- Was war das Lustigste, das du in der letzten Zeit im Kindergarten erlebt hast?
- Was spielst du mit deiner Freundin in der großen Pause?

Es lässt sich auch beim gemeinsamen Abendessen gut miteinander reden. Jedes Familienmitglied könnte erzählen, was heute der schönste Moment des Tages war und was heute gar nicht gut lief. Dabei öffnen sich die Kinder leichter, und es wird sicher eine Menge miteinander gelacht. Ich habe die Erfahrung gemacht, dass meine Kinder gerne reden, wenn wir abends noch nebeneinander im Bett liegen. Gute Gespräche kommen auch zustande, wenn man gemeinsam beschäftigt ist: während ihr etwas bastelt, die Geschirrspülmaschine ausräumt, ein Gesellschaftsspiel spielt oder zusammen eine leckere Mahlzeit kocht.

Gemeinsam (er-)leben

Gemeinsame Erlebnisse brennen sich tief in unsere Herzen ein, sie festigen die Eltern-Kind-Beziehung und schaffen Vertrauen ineinander. Vor allem, wenn Geschwister da sind, ist es für ein Kind in der Wackelzahn-Pubertät wichtig, mit Mama oder Papa auch mal etwas alleine zu unternehmen. Ich fahre mindestens einmal im Jahr mit einem der Kinder übers Wochenende weg. Mit meiner Tochter bin ich nach München gereist, mit meinem Sohn war ich schon im Fußballstadion. Mit Fußball hatte ich nie etwas am Hut, bis ich ein Kind bekam, das sich zum größten Fußball-Fan aller Zeiten entwickelte. Ich habe gelernt, mich auf diese Leidenschaft einzulassen, und du wirst es nicht glauben: Nun stehe ich mit klopfendem Herzen im Stadion und juble mit Tränen in den Augen „unserer Mannschaft“ beim Einlauf zu. Daher kann ich dir nur den Rat geben, dich auf die Leidenschaften deiner Kinder einzulassen. Was ist schon ein Mathetest gegen das Siegtor beim Fußballspielen in der großen Pause? Genau, völlig unwichtig!

TIPP FÜR DEN ALLTAG

Lade dein Kind doch mal zu einer Stadttour oder einem Wochenendtrip ein. Übernachtet bei der Oma oder fahrt zelten, erlernt zusammen eine Sportart oder besucht ein Konzert. So ein gemeinsames Erlebnis ist auch ein nachhaltiges Geburtstags- oder Weihnachtsgeschenk. Du könntest ja mal vorsichtig nachfragen, was dein Kind am liebsten mit dir erleben würde.

Experteninterview: Kinderrechte und wie wir sie schützen

Alle Menschen haben Rechte, die bei uns in Deutschland im Grundgesetz festgeschrieben sind. Natürlich gelten sie auch für unsere Kinder, aber sie haben darüber hinaus noch besondere Bedürfnisse in Bezug auf ihre Förderung, ihren Schutz und ihre Mitbestimmung in der Gesellschaft. Diese Rechte gilt es zu schützen. Bisher gibt es noch keine gesonderten Rechte für Kinder im Grundgesetz. Das wird sich aber vielleicht in den nächsten Jahren ändern. Was es aber bereits jetzt schon gibt, ist die UN-Kinderrechtskonvention, die Deutschland 1992 unterzeichnete und sich damit dazu verpflichtet hat, Kinderrechte einzuhalten und die Rahmenbedingungen dafür zu schaffen.

Dazu gehören zum Beispiel das Recht ...

- auf gewaltfreie Erziehung
- auf Freizeit (Spielplätze und Schwimmbäder in der Umgebung)
- auf Privatsphäre
- auf kindgerechte Information in den Medien.

Was bedeuten diese Rechte für uns Eltern und was müssen wir im Alltag beachten, damit die Rechte der Kinder geschützt sind? Ich habe Luise Meergans, Expertin für Kinderrechte und Bildung beim Deutschen Kinderhilfswerk, dazu befragt und sie hat mir den spannenden Zusammenhang zwischen Erziehung von Wackelzahn-Rebellen und Kinderrechten verraten.

Wieso sollten sich Eltern mit Kinderrechten beschäftigen?

Luise Meergans: Ich rate allen Eltern, sich mit den Kinderrechten auseinanderzusetzen und sich darüber zu informieren, welche spezifischen Rechte Kinder in der Schule, in der Kita und im Alltag haben. Die Kinderrechte können ein guter Leitfaden für die Erziehung sein, weil es ja in erster Linie darum geht, aus Kindern gefestigte Persönlichkeiten zu machen und ihnen ein gesundes Aufwachsen zu ermöglichen. Ob Recht auf Intimsphäre, auf Ruhe, Freizeit, Spiel und Beteiligung, alles läuft letztendlich darauf hinaus, dass ich mein Kind ernst nehmen muss. Da kommt man relativ schnell auf Persönlichkeitsrechte und darauf, was sie für mein Kind bedeuten, und wie wir Erwachsene sie schützen müssen.

Was steckt hinter dem Recht auf Freizeit?

Luise Meergans: Kinder haben ein Recht auf Freizeit und Erholung. Das bedeutet, dass sie Zeit haben dürfen, über die sie selbst bestimmen können. Das beinhaltet auch ein Recht auf Langeweile! Damit richte ich mich vor allem an Eltern, die unter dem Förderungsgedanken die Nachmittage der Kinder komplett verplanen. Während des freien Spiels entwickeln Kinder besondere kognitive Fähigkeiten und können sich kreativ entwickeln. Beim Recht auf Freizeit geht es darum, für sich selbst zu entscheiden, was man spielt, und das muss nicht immer pädagogisch wertvoll sein. Auch eine halbe Stunde daddeln ist in Ordnung, solange es sich in der Balance mit anderen Tätigkeiten, die wir Erwachsenen für sinnvoller erachten, hält.

Wie können Eltern ihren Kindern das Recht auf künstlerische und kulturelle Teilhabe gewähren?

Luise Meergans: Grundsätzlich ist es die Aufgabe des Staates, dass Kinder ausreichend kulturelle Angebote zur Verfügung haben, und hier vor allen Dingen auch chancengerechte Zugänge gewährt sind. Eltern können außerdem dafür sorgen, dass Kinder kreativ sein können. Ihnen Fingerfarben und Papier zur Verfügung stellen, sie rummatschen lassen, im Wald Naturmaterialien sammeln und daraus etwas basteln – auch in diesem Bereich ist das freie Spielen sehr wichtig. Kinder sind in ihrer Kreativität grenzenlos.

Worauf müssen Eltern achten, wenn es um die Bildrechte der Kinder geht?

Luise Meergans: Kinder haben ein Recht am eigenen Bild. Entsprechend müssen sie beteiligt werden, wenn es um Fotos von ihnen geht. Man kann auch mit kleinen Kindern schon gut darüber sprechen, ob sie ein Foto in Ordnung finden, um es an Verwandte zu schicken oder öffentlich zu posten. Wichtig sind das Gespräch und die Aufklärung über die Konsequenzen: Finden die Kinder es in Ordnung, wenn das Foto im Internet steht und alle Freunde es sehen können oder sogar fremde Menschen auf der ganzen Welt? Ein Mensch, der später mal der Lehrer des Kindes ist? Grundsätzlich muss Eltern im Kontext der Persönlichkeitsrechte klar sein, dass es Menschen mit pädophilen

Neigungen gibt. Wenn ich also Bilder im Netz teile oder auch nur per WhatsApp verschicke, setze ich das Kind der Gefahr aus, dass das Bild in falsche Hände gerät.

Es gibt außerdem das Recht der Kinder auf Schutz vor wirtschaftlicher Ausbeutung. Wenn ich Bilder der Kinder ins Internet stelle, sind das Daten der Kinder. Und Daten sind heute auch – insbesondere im Internet – Zahlungsmittel. Entsprechend sollte ein Foto nie mit persönlichen Daten wie Namen und Wohnort verknüpft sein. Um den Schutz vor wirtschaftlicher Ausbeutung zu gewährleisten, müssen wir die Daten der Kinder bestmöglich schützen.

Wir begrüßen es, wenn Kinder im Internet sichtbar sind. Dort gehören sie hin, so wie sie in jeden gesellschaftlichen Raum gehören. Eltern sollten aber stets reflektiert handeln und nichts tun, was dem Kind Nachteile bringt oder peinlich sein könnte und jede Weitergabe der Bilder mit ihnen absprechen.

Wie können Eltern außerdem die Privatsphäre ihrer Kinder schützen?

Luise Meergans: Kinder haben eine Privat- und eine Intimsphäre. Man sollte Kindern also Plätze zugestehen, die nur für sie sind. Das kann eine Schreibtischschublade sein, zu der nur das Kind Zugang hat. Oder eine kleine Schatzkiste mit Schlüssel.

Die Körperhygiene spielt bei der Intimsphäre auch eine Rolle. Wenn das Kind nicht mit der Tante aufs Klo möchte, muss man das akzeptieren. Das Schamgefühl entwickelt sich meist im Alter der Wackelzahn-Pubertät, und das ist auch notwendig, um in der Gesellschaft zu bestehen. Eltern sollten daher extrem drauf achten, den Kindern ihre Privat- und Intimsphäre zu lassen.

Wie kann deiner Meinung nach ein gutes Zusammenleben zwischen Kindern in der Wackelzahn-Pubertät und Eltern gelingen?

Luise Meergans: Eltern sind dafür verantwortlich, dass Kinder gut aufwachsen können. Und im Familienkontext ist der Beteiligungsgedanke immer der beste Weg. Eltern müssen sich darüber klar sein, dass alles, was sie für die Familie entscheiden, auch die Kinder betrifft und diese auch ein Recht darauf haben, bei der Entscheidung mitzuwirken. Es ist auch extrem förderlich für die Kinder, sie miteinzubeziehen und mit ihnen Dinge auszuhandeln. Man sollte den Kindern aber auch ganz klar kommunizieren, dass es Entscheidungen gibt, die die Eltern ganz alleine treffen, nämlich dann, wenn es ansonsten zu einer Gefährdung des Kindeswohls kommen könnte. Klar ist aber: An Beschlüsse, bei deren Entstehung die Kinder beteiligt waren, halten sie sich auch viel besser. Insofern ist die Beteiligung der Kinder einer der absoluten Kerngedanken, sowohl bei den Kinderrechten als auch im Familienleben.

Weitere Infos und Links zum Thema Kinderrechte findest du im Anhang.

TYPISCH MÄDCHEN, TYPISCH JUNGE

Zunächst einmal sind unsere Söhne und Töchter in erster Linie Kinder. Die Geschlechterunterschiede treten jedoch im Laufe der Wackelzahn-Pubertät stärker hervor. Mädchen sind anders als Jungen und Jungen sind anders als Mädchen, aber manche Unterschiede entstehen auch aufgrund von Sozialisierung und kultureller Prägung. In diesem Kapitel geht es darum, wie wir Kinder in ihrer Persönlichkeit bestärken und ihnen keinen Mädchen- oder Jungen-Stempel aufdrücken. Dabei sollen sie sich aber trotzdem ihrem Geschlecht zugehörig fühlen dürfen und Dinge tun, die eben typisch für Jungs und typisch für Mädchen sind.

Geschlechtsspezifische Unterschiede

„Mama, heute machen wir einen Frauentag", ruft Luise, als sie hört, dass Papa mit den Brüdern ins Schwimmbad geht. Wir zwinkern uns zu und wissen genau, dass es da eine Gemeinsamkeit zwischen uns gibt. Auch mit meinen Söhnen habe ich eine ganz spezielle Verbindung, und doch sind sie anders als ich.

Wir haben zwei Söhne und eine Tochter zu Hause. Bisher kann ich sagen, dass sich die Kinder eher aufgrund ihrer Persönlichkeit ähneln oder unterscheiden als aufgrund ihres Geschlechts. Im Grunde ist es ja völlig egal, ob Junge oder Mädchen: Es sind unsere Kinder und wir behandeln alle gleich. Doch stimmt das wirklich? Ich habe schon den Eindruck, dass sich Luise an mir orientiert und die Jungen an ihrem Papa. Das verstärkt sich in der Wackelzahn-Pubertät noch mehr, denn nun wird den Kindern bewusster, dass sie Junge oder Mädchen sind. Luise wird sich genau anschauen, wie ich mich als Frau verhalte, wie ich mich von Anton unterscheide und auf welche Dinge ich Wert lege. Das weiß ich, weil ich das bei meiner Mutter getan habe. Das Gleiche gilt für die Jungen.

Es gibt aber auch ein paar Unterschiede zwischen Jungen und Mädchen, die mir aufgefallen sind. Sie sind längst nicht auf alle Kinder anwendbar und vielleicht ist es bei euch zu Hause nicht so. Aber sollten dir folgende Punkte bekannt vorkommen, habe ich ein paar kleine Tipps für dich.

Jungen brauchen besonders viel Bewegung

Wenn mein achtjähriger Sohn sich nicht genug bewegt hat, dann ist er unausstehlich und muss erst einmal eine Runde Fußball spielen. Achte mal darauf, auch wenn das natürlich ebenso für Mädchen gilt. Hat dein Sohn genug Bewegung? Ist er vielleicht in der Schule deshalb unaufmerksam, weil ihm das Stillsitzen schwerfällt? Dann könntest du dafür sorgen, dass er mittags erst einmal rennen oder toben kann, bevor er sich an die Hausaufgaben setzt. Auch meine Tochter tobt viel und gerne herum, aber sie ist lange nicht so unleidlich, wenn ein Tag ruhiger abläuft.

Mädchen brauchen den Blick auf sich selbst

Bei meiner Tochter fiel mir auf, dass sie oft möchte, dass alle um sie herum zufrieden sind. Während mein Sohn darauf pfeift, ob mir die

Sandalen gefallen, die er sich ausgesucht hat, möchte Luise gerne, dass ich ihre Entscheidung gut finde. Seitdem ich darauf aufmerksam geworden bin, frage ich sie bewusst danach, was SIE möchte. Hast du auch ein Mädchen, das durch Blicke oder Fragen signalisiert, dass es gerne deine Zustimmung hätte? Dann frage sie möglichst oft danach, was sie sich selbst wünscht und vermittle ihr das Gefühl, dass ihre Meinung wichtig ist. Oft werden Mädchen ganz unbewusst dazu erzogen, auf die Gefühle anderer zu achten. Sie kümmern sich um ihre Mitmenschen, und das ist ja auch schön, führt allerdings später dazu, dass sie sich selbst in den Hintergrund stellen.

Wir Eltern sind zum Glück nicht die einzigen Menschen, die den Kindern als Vorbild dienen. Zwar sind Mama und Papa die wichtigsten Bezugspersonen und Vorbilder, aber es gibt noch reichlich andere Menschen, die außerhalb der Familie auf das Kind einwirken. Angefangen von Freunden und Freundinnen der Familie über Cousins und Cousinen, Lehrer und Lehrerinnen oder Trainer und Trainerinnen im Sportverein – die alle sind ein Teil seiner Welt und zeigen ihm, wie Männer und Frauen sein können. Daher ist es wunderbar, wenn dein Kind mit vielen Menschen in Kontakt kommt, und dort seine Vorbilder findet, die es mit ihren Werten oder ihrer Persönlichkeit prägen.

Jungs sind Helden, Mädchen Prinzessinnen? – Wie wir Geschlechterfallen vermeiden

„Du bist so hübsch mit deinen Sommersprossen", habe ich Luise gesagt und sie verliebt angeschaut. „Ich bewundere, wie clever du bist", meinte ich zu Jimmy, als er seine Matheaufgaben rechnete. Als ich über diese beiden Aussagen nachdachte, war es mir fast peinlich: Bei meiner Tochter sagte ich damit etwas über ihr Aussehen, bei meinem Sohn über seine Cleverness aus. Dabei hat auch er wunderschöne Sommersprossen und meine Tochter ist außerordentlich klug. Da war ich wohl bereits in die Geschlechterfalle getappt!

Unsere Söhne und Töchter gleichberechtigt zu erziehen ist uns heute sehr wichtig, und alle Eltern würden vermutlich unterschreiben, dass sie ihre Töchter genauso behandeln wie ihre Söhne. Allerdings sind wir nach wie vor stark von unserer eigenen Sozialisation geprägt. In Westdeutschland wuchs unsere Generation meist mit einer Mutter auf, die zu Hause für Haushalt und Kinder zuständig war, und einem Vater, der das Geld verdiente. Wir Mädchen wurden anders erzogen als die Jungen. Bis heute ist es noch so, dass Quatsch und Blödsinn zu machen kleinen Jungs eher nachgesehen wird als Mädchen. Den Mädels wird im Kindergarten die Puppenecke gezeigt oder das Kaufladenspiel angepriesen. Wie schade, dass ein kleines Mädchen dann manchmal gar nicht den Weg in die Bauecke findet. Wirklich gravierend sind die Geschlechterrollen aber in Mädchen-Magazinen, Kinofilmen, Serien oder in manchen Kinderbüchern, denen Kinder in der Vor- und Grundschulzeit oft begegnen. Brav und freundlich, hübsch und reinlich werden die weiblichen Figuren inszeniert, die männlichen dagegen dürfen sich auch mal schmutzig machen, laut sein und sich mit voller Kraft ins Abenteuer stürzen.

Geschlechterfallen vermeiden: So geht's

In uns stecken die Leitsätze unserer eigenen Erziehung tief drinnen, und unbewusst wenden wir sie bei unseren Kindern an. Mir ist zum Beispiel aufgefallen, dass ich meine Tochter eher dazu ermahne, nicht so laut zu sein und nicht zu viel zu streiten. Bei meinem Sohn neige ich dazu, Raufen und Brüllen als typisch jungenhaftes Verhalten zu akzeptieren. Darüber nachzudenken und mein Verhalten zu hinterfragen hat mir sehr geholfen. Ich gebe nun viel mehr darauf acht, wie ich meine Söhne und meine Tochter behandle und wie ich vermeide, Unterschiede zwischen den Geschlechtern zu machen. Daher habe ich ein paar Tipps für dich, die auch dir helfen können, nicht in die Geschlechterfalle zu treten:

- Jungs dürfen und sollen Gefühle zeigen. Lass sie weinen und jammern und ermutige sie, ihre Gefühle in Worte zu fassen. Schreite ein, wenn jemand deinem Kind Dinge sagt, wie „Jungs weinen nicht!“
- Wenn dir ein herablassendes Verhalten der Kinder dem anderen Geschlecht gegenüber auffällt, misch dich ein und sprich mit ihnen darüber. Diskriminierung kommt auch schon im Vor- und Grundschulalter vor. Hier gilt es, Kinder auf ihr Verhalten aufmerksam zu machen, auch wenn es nicht die eigenen sind.
- Mädchen dürfen laut und wütend sein. Sie haben das gleiche Recht dazu wie Jungs. Jeder Mensch trägt Aggressivität in sich, das gilt für beide Geschlechter und ist ganz normal. Bei Frauen wird sie von außen nur anders und als unpassend wahrgenommen. Das ist absolut ungerecht und diesen Eindruck sollten unsere Töchter nicht übernehmen müssen.
- Es werden euch viele klischeehafte Bilder begegnen, sei es in Kinderzeitschriften, Bilderbüchern oder Filmen. Redet darüber, mach dein Kind aufmerksam darauf und sag ihm, dass es unabhängig von seinem Geschlecht sein kann, wie es sein möchte und werden kann, was es will.
- Komplimente tun gut, vor allem, wenn sie von Herzen kommen. Auch unsere Kinder freuen sich sehr darüber. Achte auf die Geschlechterfallen, und lob deine Tochter nicht nur für scheinbar weibliche Attribute und deinen Sohn für männliche. Jungen dürfen schön und niedlich, Mädchen wild und klug sein.

Geschlechterklischees entlarven

Schaut man bei uns zu Hause, herrschen die typischen Klischees. Die Jungs tragen Kleidung in Blau und Grün, meine Tochter in hellen „mädchenhaften“ Farben. Sie spielt mit Puppen und mag Pferde, mein jüngster Sohn ist verrückt nach Autos, der älteste nach Fußball. Ich frage mich, wie viel von diesen geschlechtertypischen Farben, dem Spielzeug und den Interessen nach Vorlieben der Kinder gewählt wurde, oder ob ein paar Dinge auch deshalb ihren Weg zu uns fanden, weil sie eben zum Geschlecht passen.

Die Sache mit den Farben

Warum lieben Mädchen die Farbe Rosa so sehr und Jungen entscheiden sich gerne für Blau? Das weiß wohl niemand so genau, aber vermutlich ist es eine Modeerscheinung. Früher war es genau anders herum: Noch vor hundert Jahren war die Farbe Rosa das „kleine Rot“ und Rot stand traditionell für Blut und Kampf. Aus diesem Grund wurde in Königshäusern bei der Geburt eines kleinen Prinzen die Wiege in Rosa dekoriert. Blau dagegen ordnete man den Mädchen zu. Dass Blau eine Frauenfarbe war, lag am Umhang der Muttergottes in den Kirchen oder auf Gemälden.

Heute ist die Mode anders und unsere Kinder bekommen von klein auf mit, dass die Farbe Rosa zu Mädchen gehört, Blau dagegen zu den Jungen. Weil sie eben Mädchen sind und auch als solche wahrgenommen werden wollen, entscheiden sich Mädchen also unbewusst für die „passende Farbe“. Auch wir Erwachsenen reagieren so, wie wir es gelernt haben. Kein Wunder, dass die Werbeindustrie erkannt hat, dass Frauen rosafarbene Bohrmaschinen und Akku-Bohrschrauber kaufen, obwohl diese Geräte in den meisten Haushalten vermutlich schon vorhanden sind.

Prinzipiell ist das ja auch nicht weiter schlimm, aber diese gesellschaftlichen Regeln schränken unsere Kinder unnötig ein oder beschämen sie. Im Schuhgeschäft greift der Junge zum roten Turnschuh und bekommt zu hören, dass das keine Jungenfarbe ist. Im Buchladen zeigt die Buchhändlerin dem Mädchen die Detektivgeschichten der Girlgang, die im Fitnessstudio spielen oder sich um ein geklautes Parfüm drehen. So werden unseren Kindern schon in der Wackelzahn-Pubertät klare Rollen zugewiesen, die sie dann annehmen und später nur schwer wieder ablegen können.

TIPP FÜR DEN ALLTAG

Du liest deiner Tochter das Märchen von der Prinzessin vor, „die so liebreizend war, dass sie alle Welt lieb haben musste“? Kinder lieben Märchen und wir sollten sie ihnen nicht aus Gründen der Gleichberechtigung vorenthalten. Aber die Geschlechter-Stereotypen sind dort besonders frappierend. Wir nutzen hier zu Hause die gemütliche Märchenstunde gleich für ein Gespräch und unterhalten uns darüber, was es für ein Quatsch ist, dass Mädchen liebreizend sein sollen. Außerdem lesen wir Märchen gerne mit vertauschten Rollen. Da rettet die Prinzessin den Prinzen vom Turm oder befreit ihn vom Apfelstück im Hals, der Prinz weint darauf vor Glück oder lässt sich dankbar in den Arm nehmen.

Autos für Jungs, Puppen für Mädchen?

Kleine Jungs greifen zu Autos, kleine Mädchen zu Puppen. Auch wenn die Genetik vermutlich eine Rolle spielt, so beeinflusst uns vor allem die Gesellschaft um uns herum. Wenn Kinder im Kindergarten sehen, dass alle Jungen in der Bauecke sitzen und die Mädchen mit den Puppen spielen, wird das im Gehirn des Kleinkinds abgespeichert. Durch

Hörspiele, Serien, Filme oder Bilderbücher mit stereotypen Rollen verfestigen sich die entsprechenden Eindrücke im Laufe der Jahre.

Schau dir am besten die Spielsachen und Bücher genau an, die sich dein Kind wünscht oder bekommen soll, denn jetzt entdeckt es seine eigene Persönlichkeit und seine individuellen Vorlieben. Selbstverständlich dürfen die auch „typisch weiblich" oder „typisch männlich" sein, die Hauptsache ist, dein Kind hat eine freie Wahl und sucht sich nicht genau das aus, was scheinbar von ihm erwartet wird. Sensibilisiere auch die Verwandten dafür, die oft noch der Meinung sind, man könne Spielzeuge in Geschlechterkategorien einteilen.

Am besten, die Geschichten in den Kinderbüchern sind so neutral wie möglich und das Spielzeug weist den Geschlechtern keine spezielle Rolle zu. Achte besonders auf knallbunte Kinder-Zeitschriften mit Plastik-Spielzeug. In den Bildergeschichten darin herrschen oft Geschlechterrollen wie vor 50 Jahren. Im Anhang findest du ganz viele Tipps für Kinderbücher und Familienfilme, die keine Geschlechterklischees bedienen.

Achtung vor der Pink- und Blaufalle

Jede Wette: Wenn ich mit den Kindern einkaufen gehe und sie sich eine Süßigkeit im Supermarkt oder eine Kleinigkeit in der Drogerie aussuchen dürfen, steuert meine Tochter selbstverständlich auf die pinken Schoko-Eier für Mädchen und mein Sohn auf die blauen für Jungs zu. Er packt das Räuber-Schaumbad und meine Tochter das Prinzessinnen-Duschgel in den Wagen.

Mich ärgert dieser Marketingtrick, denn auf diese Weise kaufen Eltern gleich zwei Duschgels. Schon bei so einfachen Produkten wie Joghurt und Badeschaum zielen die Hersteller darauf ab, dass Kindern Prinzessinnen und Feuerwehrmänner in die Augen stechen und diese dann im Einkaufskorb landen. Ärgerlich ist aber nicht nur der Verkaufstrick, sondern auch die stereotypen Rollenbilder, die damit verbunden sind. Kinder lernen dadurch schon früh, dass Jungs die kleinen Helden sind (Pirat, Feuerwehrmann) und Mädchen die Prinzessinnen. Achte außerdem mal darauf: Die Mädchenfiguren schauen den Betrachter direkt an und scheinen zu fragen: „Bin ich nicht hübsch?“ Die kleinen Piraten auf den Schaumbädern schauen zur Seite. „Auf ins Abenteuer, mir ist egal, was ihr von mir denkt!“

Wir möchten als Menschen automatisch die Rollenbilder ausfüllen, wie es von uns erwartet wird. Wir wollen sein wie alle anderen Menschen und dazugehören. Bei Kindern in der Wackelzahn-Pubertät ist dieser Wunsch besonders stark ausgeprägt. Sie wollen kein Alleinstellungsmerkmal haben, sondern sein wie alle anderen. Daher kann ich dir den Tipp geben, mit den Kindern beim Einkauf über solche Tricks zu sprechen und sie darüber aufzuklären. Denn wer die Tricks kennt, fällt nicht so leicht darauf herein.

Ganz besonders gravierend ist es übrigens beim Kleiderkauf. Du kennst sie bestimmt, die Shirts mit Aufschriften „Kleiner Held“ oder „Papas Prinzessin“. Dein Kind in der Wackelzahn-Pubertät ist von seiner Umgebung sehr leicht zu beeinflussen. Wenn es durch die Blume gesagt bekommt, dass es als Mädchen keine Heldin ist oder als Junge immer mutig sein muss, prägt dieses Vorurteil sein Denken. Ist dir schon einmal aufgefallen, wie streng nach Geschlechtern getrennt die Ware in Schuhgeschäften präsentiert wird? Links das Regal mit den Mädchenschuhen, es dominieren ganz klar die Farben Rosa und Rot, daneben das Regal mit „Schuhen für Jungen“. Neulich war es uns nicht möglich, ein neutrales Paar Hausschuhe für meine Tochter zu kaufen, die sie in der Schule brauchen würde. Wir wollten auch deshalb etwas Schlichtes, damit sie die Schuhe an den kleinen Bruder weitergeben kann. Wir hatten nur die Wahl zwischen glitzernden Einhörnern und Fußball- oder Automotiven und es gab wirklich kein einziges Paar Hausschuhe, das nicht auf die geschlechtertypischen Vorlieben abgezielt hätte. Ich verstehe Luise, die nicht mit Fußballschuhen in der Schule sitzen möchte. Sie fürchtete, von anderen Kindern ausgelacht zu werden. Mein Eindruck bestärkt sich, dass unsere Kinder in den Geschäften in eine Rolle gedrängt werden, die sie vielleicht gar nicht spielen wollen.

TIPP FÜR DEN ALLTAG

Wenn du Kinderkleidung einkaufen gehst, nimm deine Kinder am besten nicht mit. Bring ihnen lieber eine Auswahl mit, die möglichst geschlechterneutral ist. So haben die Kinder das gute Gefühl, selbst zu entscheiden, kommen aber nicht in Versuchung, auf das pinke Prinzesinnen-Shirt oder das Heldenkostüm zu bestehen. Oder du legst eine kleine Auswahl in den Warenkorb im Online-Shop und lässt das Kind dann vor dem Bildschirm auswählen.

Erklär den Kindern im Supermarkt die Masche der Werbeleute und schaut mal, ob ihr euch bei Lebensmitteln und Drogerieprodukten auf neutrale Farben einigen könnt.

Unterschiede akzeptieren

„Ich habe mir ein Räubermädchen gewünscht“, beklagt sich meine Freundin. Sie hat ihrer Tochter immer geschlechterneutrales Spielzeug und Kleider in Grün, Gelb und Rot gekauft, hat mit ihr Türme gebaut und ihr sowohl Puppen als auch Autos zum Spielen gegeben. Nun wird Marie eingeschult und wünscht sich nichts mehr als einen pinken Schulranzen mit Einhörnern drauf. Meine Freundin ist hin- und hergerissen. Mit diesem rosafarbenen Albtraum soll ihr Räubermädchen nun jahrelang zur Schule gehen?

Ich finde, wir sollten unsere Kinder so geschlechterunabhängig wie möglich erziehen, aber ihnen auch die Möglichkeit lassen, sich als Mädchen oder Junge zu identifizieren. Es kann also sein, dass du dir die größte Mühe gibst, deinem Mädchen keine scheinbar typischen weiblichen Attribute zuzuweisen und es dennoch Tüllröcke liebt und Rosa die absolute Lieblingsfarbe ist. Auch das ist in Ordnung und darf genauso sein.

Bereits bei meinem jüngsten Sohn wird jetzt, mit drei Jahren, immer klarer, dass er sich wie ein Junge fühlt. Noch trägt er die rosa Regenjacke seiner großen Schwester. Wird er aber irgendwann im Kindergarten von einem anderen Kind hören, dass das eine Mädchenfarbe ist, wird er sie garantiert nicht mehr anziehen wollen. Auch bei meinen beiden älteren Kindern verstärkt sich die Identifikation mit dem eigenen Geschlecht: Wenn mein achtjähriger Sohn aufgrund seiner langen Haare für ein Mädchen gehalten wird, ist ihm das sehr unangenehm. So sehr identifiziert er sich mit seinem biologischen Geschlecht, dass es für ihn eine Beleidigung ist, für ein Mädchen gehalten zu werden. Außerdem verbringen Kinder in der Wackelzahn-Pubertät mehr Zeit mit ihren Freunden und ihren Klassenkameraden. Ist die Freundesclique in der Vorschule und am Anfang der Schulzeit noch gemischt, trennen sich die Geschlechter wenig später. Mädchen werden von Jungs für doof erklärt, Jungs werden nicht länger zum Mädchen-Kindergeburtstag eingeladen.

Auf die freie Wahl kommt es an

Ein Mädchen, das weiß, dass es zwischen allen Farben wählen darf und sich am Ende gegen die grüne und für die rosafarbene Jacke entscheidet, spürt, dass es eine Wahl hat, und darauf kommt es ja am Ende an. Mädchen dürfen sein wie Jungs und andersherum, aber sie dürfen sich auch dafür entscheiden, ein typisches Mädchen zu sein. Mädchen, die gerne mit Puppen spielen, sollen das auch weiterhin tun dürfen. Aber vielleicht hat deine Tochter auch mal Lust auf ein Probetraining im Fußballverein? Verständlich, dass dein Sohn nicht im rosafarbenen Pullover in die Schule gehen will. Aber hast du schon einmal ausprobiert, ob ihm kochen oder backen Spaß macht? Wenn wir die Klischees aufbrechen und den Kindern zeigen, dass ihnen nicht nur die halbe Welt, sondern die ganze zur Verfügung steht, schenken wir ihnen große Freiheit.

Knifflige Frage: Mein Kind hat einen fürchterlichen Kleidergeschmack

Meine Tochter hat einen ganz anderen Kleidergeschmack als ich. Ich mag schlichte, unifarbene Kleider und Stoffe mit Streifen in Blau, Rot oder Weiß. Luise dagegen kann es nicht pink genug sein. Sie kombiniert bunt zu bunt, setzt sich noch eine Kappe mit Werbeaufschrift auf den Kopf und zieht immer genau die Schuhe an, die meiner Meinung nach am wenigsten zur Kleidung und zum Wetter passen. Es ist wunderbar, wenn Kinder sich selbstständig anziehen und eine Wahl treffen, auch wenn dann abenteuerliche Kombinationen herauskommen. Andererseits fällt es dir sicher auch mal schwer, den gewagten Look deines Kindes zu akzeptieren, wenn ihr zu einem Fest eingeladen seid oder der Fotograf in den Kindergarten kommt. Ich stelle mir dann immer vor, wie wir in zehn Jahren auf Fotos schauen und uns gemeinsam über Luises Kleiderwahl amüsieren. Die verrückten Kombinationen sind auch Ausdruck der Persönlichkeit unserer Kinder und Erinnerungen zeigen, wie sie waren. Sollten andere Menschen die Kleidung deines Kindes kommentieren, könntest du sagen: „So gefällt es meinem Kind eben!“ Kleider sind dafür da, dass wir uns wohlfühlen und geschützt und sie sollen unsere Persönlichkeit unterstreichen. Es kann manchmal ein wenig enttäuschen, wenn wir zu Großmutters Feier den blauweiß-gestreiften Pullover wieder in den Schrank räumen müssen, während sich das Kind das knallgelbe Trikot seines Lieblingsvereins überzieht. Aber wir sparen uns eine Menge

Diskussionen und lassen das Kind wissen, dass wir es so nehmen, wie es ist!

Haushalt ist nicht Frauensache! – Kinder zur Gleichberechtigung erziehen

Meine Tochter kümmert sich oft und gerne. Sie passt auf den kleinen Bruder auf und liest ihm etwas vor, sie verschenkt selbst gemalte Bilder oder kleine Basteleien an ihre Freundinnen und ist die Erste, die bereitsteht, wenn ich um Unterstützung beim Kochen oder Wäschewaschen bitte. Wir Eltern teilen uns den Haushalt auf, dennoch mache ich mehr, denn ich bin die Hälfte des Tages zu Hause. Weil ich möchte, dass sich mein Sohn ebenso fürs Kümmern verantwortlich fühlt, ist es mir wichtig, dass er viele männliche Vorbilder hat, die ihm so ein Verhalten vorleben. Zum Glück hat er einen sehr engagierten Vater, und ich bin mir sicher, dass er sich später nicht aus der Verantwortung stiehlt, sollte er selbst eine Familie haben.

Ich habe schon beschrieben, wie sehr wir Eltern unsere Kinder prägen, welche wichtige Rolle das Geschlecht dabei spielt und dass die Geschlechterbilder im Kopf der Kinder früh Gestalt annehmen. So wie Mama sich verhält, wird sich in vielerlei Hinsicht die Tochter verhalten, und Papa ist das Rollenvorbild für die Söhne. Wir möchten, dass unsere Kinder später die größtmögliche Freiheit spüren, ihr Leben selbst zu gestalten. Frauen sollen Mutter werden, sich liebevoll um ein Baby kümmern und mit ihren Kindern Zeit verbringen können, sie können aber ebenso berufstätig sein. Väter sind nicht zwangsläufig verantwortlich für das Familien-Einkommen, sondern sollen sich genauso um die Kinder kümmern und den Haushalt managen dürfen. Je gleichberechtigter wir selbst leben, desto größer sehen die eigenen Kinder ihre Chancen auf ein selbstbestimmtes Leben. Lernt ein Mädchen, dass sich zu Hause immer die Mama um alles kümmern muss und Kinderbetreuung Frauensache ist, wird sie später denken, das auch so machen zu müssen. Erlebt ein Junge, dass der Vater die Verantwortung für das Geld hat, wird er das selber einmal bei seiner Berufswahl bedenken. Achtet darauf, dass es in Sachen Rechten und Pflichten in eurer Familie keinen Geschlechterunterschied gibt, und wenn Rollen klar verteilt sind, erklärt den Kindern, dass das nichts mit dem Geschlecht zu tun hat. Hier kommen ein paar Tipps für ein gleichberechtigtes Familienleben:

- Verantwortlich für den Haushalt sind beide Eltern, es „hilft" der eine nicht nur, sondern es kümmern sich alle Erwachsenen um die anfallende und unbezahlte Arbeit.
- Auch die Kinder helfen mit. Manche machen es gerne, manche nicht. Achtet darauf, dass alle gemeinsam mit anpacken und nicht nur eines der Kinder den Tisch deckt oder aufräumt.
- Bindet die Kinder von klein auf mit in den Haushalt ein, auch wenn das die ersten Jahre mehr Arbeit bedeutet.
- Jungs beim Reifenwechseln anleiten und den Mädchen bügeln beibringen? Ja, aber auch andersherum! Je mehr die Kinder von euch lernen, desto besser. Aber teilt die Dinge, die sie als Erwachsene später selbst tun müssen, nicht nach Geschlecht auf.
- Wenn Söhne sehen, dass Papa selbstverständlich Knöpfe annäht und kein Problem damit hat, den Boden zu wischen, kommen sie erst gar nicht auf die Idee, dass das eine unmännliche Tätigkeit sein könnte.
- Frauen haben Probleme mit Mathe und Finanzen? So ein Quatsch. Vermeidet solche Aussagen und betont, dass Zahlenschwäche vielleicht ein individuelles, aber kein geschlechterspezifisches Problem ist.

Experteninterview: Kinder auf eine Welt voller Geschlechterklischees vorbereiten

Nils Pickert ist Vater von vier Kindern, freier Journalist, Feminist und Chefredakteur von Pinkstinks, einer Protest- und Bildungsorganisation gegen Sexismus und Homophobie im Internet. Er beschäftigt sich unter anderem mit Erziehungsfragen und Gleichberechtigung und ist deshalb der perfekte Experte für Fragen zum Thema Erziehung von Mädchen und Jungen.

Was empfiehlst du Eltern, um möglichst ohne Geschlechter-Stereotypen zu erziehen?

Nils Pickert: Ich würde ihnen erst einmal von dem Versuch abraten, völlig vorurteilsfrei zu erziehen. Ich halte das für nicht möglich. Alle Menschen haben Vorurteile, das macht auch Sinn. Wir leben in einer Welt, wo wir in Bruchteilen von Sekunden auf der Basis von vollkommen unzureichenden Informationen Entscheidungen treffen müssen und je mehr wir in Stress geraten, umso mehr operieren wir auf der Basis dessen, was wir gelernt haben, was man mit uns als Kind gemacht hat oder was wir in Büchern gelesen haben. Darum plädiere ich dafür zu versuchen, sich seine eigenen Vorurteile und Stereotypen bewusst zu machen und gegenzusteuern. Der zweite Punkt ist: Ich würde entlang meiner Erfahrungen Eltern immer darauf vorbereiten, dass es ums Scheitern geht. Das heißt, man hat wochenlang dafür gekämpft, dass der Sohn seine rosafarbenen Schuhe anziehen kann und in der Kita nicht ausgelacht wird, und dann kommt er doch nach vier Wochen nach Hause und sagt, dass Pink eine Mädchenfarbe ist. Es macht an der Stelle auch gar keinen Sinn, den Jungen dafür zu bestrafen. Nach meiner Wahrnehmung geht es immer darum, den Kindern Angebote zu machen und dafür zu sorgen, dass sie Lust haben, Verschiedenes auszuprobieren und wenn sie das wollen, ist das super, und wenn sie das nicht wollen, ist es auch okay. Wenn meine beiden Jungen Lust darauf haben, sich ganz klassische Identitäten zu wählen, wenn sie kicken gehen und Kampfsport machen und auf Hellblau stehen, dann ist das komplett in Ordnung, genauso wie sie tanzen gehen oder ein Ballkleid tragen können. Sie können wählen, was sie wollen, und es ist nicht meine Aufgabe, ihnen meine Vorstellungen von Identität und Geschlecht aufzudrücken.

Egal was wir machen, es ändert ja nichts daran, dass wir nicht in einer geschlechtsneutralen Welt leben. Es ändert auch nichts daran, dass es wichtig ist, Kinder kompetent im Umgang mit den Stereotypen zu erziehen. Das wäre ja so, als würde ich meine Kinder nicht darauf vorbereiten, dass der Straßenverkehr auch gefährlich sein kann. Es gibt ganz viele Leute, die Geschlecht sehr stereotyp auffassen, die unheimlich darauf angewiesen sind, dass andere Leute ihre Vorstellung von Geschlecht bestätigen.

Ich finde es auch wichtig, sich nicht hinter Sätzen wie „man muss Jungen auch mal Jungen sein lassen“ zu verstecken. Weil dann die Frage wäre: Was bedeutet das? Ist es die Wildheit, sind es die kurzen Haare? Ist es das Genital, die tiefere Stimme, die Begeisterung für Sport? Wenn man all diese Dinge durchgeht, dann stellt man fest, dass da gar nicht mehr viel bleibt. Trotzdem bestimmen wir am Ende des Tages eine bestimmte Gruppe von Menschen als männlich und weiblich und schreiben denen Eigenschaften zu, und wir als Eltern sind dazu aufgefordert, unsere Kinder dazu zu erziehen, mit diesen Ansprüchen umgehen zu können.

Worauf sollten Eltern beim Kauf von Spielsachen achten?

Nils Pickert: Die Grundmaxime ist, dass Spielzeug kein Geschlecht hat. Wenn also mein Kind nach einem Spielzeug greift, dann soll es damit spielen können. Ein klassisches Beispiel, womit viele Eltern immer noch Schwierigkeiten haben, sind Jungen und Puppen. Wobei auch da die Frage ist: Was genau sollen Jungen denn daran Falsches lernen? Im Spiel mit Puppen entwickeln Kindern erwiesenermaßen Aufmerksamkeit für das Kümmern, für Pflege, Sprache und für komplexe soziale Beziehungen, inwieweit sollte das ein Kriterium von Unmännlichkeit erfüllen? Wenn mein Junge mit einer Puppe spielt, dann ist das, was er tut, männlich und nicht andersherum. Es gibt also keine Kontrollspielzeuge oder Farben, an denen man Geschlecht belegen kann, aber trotzdem wird es genauso die ganze Zeit getan. Wir belauern die Kinder und schrauben eine riesige Erwartung hoch und fragen uns, wie wird es sich denn entwickeln, um dann sagen zu können „aha, ganz klar ein Junge", anstatt eine gewisse Form von Aufmerksamkeit und Neugier zu bewahren und zu gucken, welches Spielzeug wählt sich denn das Kind überhaupt.

Wie reagierst du in der Spielzeugabteilung, wenn dort die Spielzeuge nach den Geschlechtern sortiert sind? Können wir die Kinder vor dieser Trennung schützen?

Nils Pickert: Ich glaube, das geht nicht. Ich erlebe das noch krasser: Sobald man den Laden betritt, wird nicht gefragt, für was sich das Kind interessiert oder wie viel Geld man ausgeben möchte, sondern es geht darum, ist das Kind ein Junge oder ein Mädchen. Ich glaube, wir können die Kinder vor dieser Welt nicht bewahren, denn sie ist ja da. Ich kann nur versuchen, ihnen dabei zu helfen, stark zu sein und sich selbst nicht zu verlieren. Wenn meine Tochter Interesse hat, an dieses Fach voll von rosa Spielzeug zu gehen, wenn sie Interesse an Schminken und Verschönerung, an Pflege und Kümmern hat, dann ist das ihr gutes Recht. Meine Pflicht ist es ihr zu erklären, dass das nichts mit ihrem Geschlecht zu tun hat: „Du spürst keine Begeisterung dafür, weil du ein Mädchen bist, sondern weil das Spaß macht und dein Interesse weckt." Ich versuche also, die Regale im Spielzeuggeschäft so hinzunehmen und im Gespräch mit meinen Kindern diese Geschlechter-Stereotypen zu erklären. Aber die Begeisterung dafür taste ich nicht an, und das steht mir auch nicht zu.

Hast du Ideen für geschlechterneutrales Spielzeug oder Bücher?

Nils Pickert: Ich würde den Begriff „geschlechterneutral" in Bezug auf Spielzeug nicht verwenden, denn dann müsste ich die Rosa-Hellblau-Welt ausklammern. Dabei kann ein Mädchen ja zu den pinken oder zu den blauen Sachen greifen. Ich würde das Ganze „gendersensibel" nennen und da gibt es eine ganze Menge. Das Buch „Die Rosa-Hellblau-Falle" ist für Eltern gut, weil hier aufgeschlüsselt wird, wie wir von Anfang an in diese Kisten gesteckt werden, welche Produktwelten es gibt und was das mit uns macht.

Es gibt Bücher für Kinder, die mit Geschlechterrollen vielfältig und kreativ umgehen und nahelegen, dass es nicht nur die heteronormative Kleinfamilie gibt, sondern auch Familien mit zwei Vätern oder zwei Müttern. Das Buch „Alles Familie" ist toll, denn es zeigt, wie vielfältig Familie sein kann. Es gibt Bücher über Mädchen, die sich in starken Rollen wohlfühlen und über Jungen, die sich kümmern. Die Autorin Kirsten Boie fällt mir da ein. Bücher und Geschichten zu lesen, die mit Stereotypen und Klischees brechen, ist hilfreich. Auf der Internetseite Pinkstinks haben wir übrigens viele Buchempfehlungen für jede Altersstufe.

FAMILIE FRIEDLICH: MITEINANDER LEBEN

Damit das Familienleben allen Mitgliedern Spaß macht, braucht es ein paar Leitlinien. Kinder in der Wackelzahn-Pubertät möchten bei diesen Regeln übrigens ein Mitspracherecht haben, und deshalb erzähle ich dir in diesem Kapitel, wie ihr gemeinsam Regeln aufstellen könnt. Außerdem gehen wir der Frage nach, warum Wackelzahn-Rebellen und -Rebellinnen gerne trödeln und wie ihr damit besser zurechtkommt. Zum Familienfrieden gehört, dass alle mit anpacken und Verantwortung im Haushalt übernehmen, und ich habe einen Vorschlag, wie sich das im Alltag umsetzen lässt. Am Schluss lösen wir noch das Problem, dass Eltern von ihren Vor- und Grundschulkinder manierliches Verhalten erwarten, dies aber oft ausbleibt.

Warum Familienregeln wichtig sind

„Mama, ich will aufstehen und den Fernseher anmachen!“, ruft Jimmy, der sein Brot längst vertilgt hat und dessen Lieblingsserie gleich beginnt. Anton checkt mal kurz das Wetter auf dem Smartphone, weil wir am Wochenende in die Berge fahren, und während Luise vom Kindergarten erzählt, redet der kleine Oskar dauernd in ihren Bericht hinein. Es geht drunter und drüber, mir klingeln die Ohren, und ich finde das

gemeinsame Essen mal wieder wenig entspannt. Als Jimmy vom Tisch aufsteht, um den Fernseher anzumachen, lassen Luise und Oskar die Brote fallen und folgen ihm.

Kennst du solche Situationen, und nerven sie dich auch so sehr? Ich habe mir Mühe mit dem Essen gegeben, Gemüse geschnitten und sogar noch den Tisch gedeckt, aber keiner achtet meine Arbeit. Wir schenken einander keine Aufmerksamkeit und jeder macht, worauf er Lust hat. Ich finde, anhand dieser Situation wird klar, wieso es in einer Familie nicht ohne Regeln geht. Überall, wo Menschen zusammenleben und miteinander auskommen müssen, sind ein paar Richtlinien wichtig, an die sich alle halten können und die Orientierung bieten. So wissen alle, welches Verhalten die Mitmenschen hinnehmen und wo deren Grenzen sind. Alle können abschätzen, wie frei sie sein können, ohne andere in deren Freiheit einzuschränken. Die Kinder und unsere Partner sind uns die liebsten Menschen, und wir möchten mit ihnen klarkommen. Wenn es längere Zeit nicht gut miteinander läuft, sind wir unglücklich, und wenn wir keine Lösungen für ein gutes Miteinander finden, macht uns der Alltag keinen Spaß. Sind wir mal ehrlich: Das Leben besteht in erster Linie nicht aus besonderen Anlässen wie Urlaub, Geburtstag und Weihnachten, sondern vor allem aus gemeinsamen Frühstücken, langweiligen Nachmittagen und abendlichem Ins-Bett-Bringen.

Familie ist schon ein besonderes Konstrukt. Hier leben Menschen auf engstem Raum zusammen, die sich zwar über alles lieben, sich aber an manchen Tagen nicht ausstehen können. Eltern, die mit Job, Kindern und Haushalt viel um die Ohren haben und sich nach Ruhe sehnen, teilen die Räume mit Kindern, die ein Bedürfnis nach Spiel, Lärm, Entfaltung und Aufmerksamkeit haben. Wie schaffen wir es, allen Bedürfnissen einigermaßen gerecht zu werden und so zufrieden wie möglich zu sein, auch wenn sich die Wünsche der Einzelnen stark voneinander unterscheiden?

Überall gibt es Regeln! Im Büro, im Kindergarten und beim Fußballtraining wird das gute Miteinander in Worte gefasst und vermittelt. Warum nicht auch in der Familie? Denn gerade hier treffen die verschiedensten Bedürfnisse aufeinander, wie mein kleines Beispiel gezeigt hat. Wir Eltern essen gerne in Ruhe mit den Kindern, die möchten aber schnell aufstehen, wenn sie fertig sind. Lange sitzen bleiben und warten fällt ihnen schwer und ist langweilig. Ich mag es, wenn es ruhig ist und wir nacheinander reden. Die Kinder haben es lieber laut und finden es nicht weiter dramatisch, wenn alle durcheinanderschreien. Kinder sind zwar oft müde, das äußert sich dann aber eher in Aufgekratztheit. Sie entspannen von der Schule, indem sie endlich mal laut sein und rumhampeln können. Hier wird es also ein wenig knifflig, das Zusammenleben so zu regeln, dass alle Familienmitglieder das gemeinsame Abendessen genießen können.

Gerade für Kinder im Alter von fünf bis zehn Jahren machen solche Regeln Sinn. Sie sind in der Lage, auch die Sichtweise der Eltern einzunehmen, wenn diese ihnen freundlich und respektvoll erklären, wie sie die Sache sehen. Außerdem ist es wichtig, Kindern zu zeigen, dass Zusammenleben am besten funktioniert, wenn alle aufeinander Rücksicht nehmen. Das zu erkennen ist ein Lernprozess, der sich nicht von heute auf morgen vollzieht. Aber jetzt ist genau die richtige Zeit, diese Lektion zu vertiefen.

Familienregeln gemeinsam aufstellen und einhalten: So geht's!

„Du weißt doch, welche Regeln bei uns gelten!“, erinnere ich Jimmy, als er von seinem Stuhl aufsteht und den Tisch verlassen will. „Du wartest bitte, bis wir alle mit dem Essen fertig sind.“

„Aber ihr braucht immer so lange“, murrt mein Sohn, „und außerdem habe ich diese blöde Regel nicht aufgestellt.“

Er hat recht, er wartete wirklich schon lange, weil wir Eltern uns so lange unterhalten haben. Wir sollten unbedingt mal über diese Regeln reden, die es bei uns gibt und uns überlegen, wie die Kinder mehr Mitbestimmung bekommen!

Ich erzähle dir jetzt, wie ihr eure ganz persönlichen Familienregeln aufstellen könnt. Wir haben es ausprobiert und uns gefragt, warum wir das nicht schon vorher gemacht haben. Denn an Regeln hält es sich viel einfacher, wenn man an der Aufstellung beteiligt war. Folgende Tipps helfen euch dabei:

- So viele Regeln wie nötig, so wenige wie möglich.
- Alle Familienmitglieder sollten beim Aufstellen der Regeln beteiligt sein.
- Die Bedürfnisse von allen Familienmitgliedern werden berücksichtigt.
- Wenn es in einem Punkt besonders schwierig wird, suchen alle zusammen nach einem möglichen Kompromiss.

Die Familienkonferenz

Um Familienregeln aufzustellen, könnt ihr eine Familienkonferenz abhalten. Am besten ist es, ihr nehmt euch dafür Zeit und setzt euch gemeinsam an einen Tisch. Lad deine Familie doch zu Kuchen und Keksen ein und sag ihnen, was du vorhast. Ich habe dir ja schon erzählt, wie ungemein wichtig es für Kinder in der Wackelzahn-Pubertät ist, ernst genommen und gleichwertig behandelt zu werden. Mach ihnen die Regeln schmackhaft, indem du erklärst, dass es auch um ihre Bedürfnisse geht und ihr die Regeln gemeinsam aufstellt.

Geht die einzelnen Tageszeiten durch. Welche Herausforderungen gibt es morgens beim Frühstück und beim Anziehen, beim Mittagessen, beim Hausaufgabenmachen, nachmittags und abends? Wie läuft euer Wochenende ab und was läuft gut, was nicht?

Jeder von euch darf zu Wort kommen, und die anderen lassen die redende Person aussprechen. Am besten, die Eltern schreiben gleich mit. Ich habe die Erfahrung gemacht, dass bei so einem Gespräch die spannendsten Dinge herauskommen. Nicht alles muss dann in Regeln gefasst werden, aber meine Tochter erzählte, dass sie nach dem Kindergarten Hunger hat und so lange warten muss, bis ich gekocht habe. Wir haben abgemacht, dass sie dann etwas Obst und Brezeln knabbern kann, bis es Zeit für das Mittagessen ist. Mein Sohn wiederum sagte, dass er es abends vermisst zu kuscheln. Also machten wir aus, dass wir das künftig auf keinen Fall mehr vernachlässigen wollen.

Wenn du alles aufgeschrieben hast, macht ihr am besten eine Pause. Den Rest erledigt ihr später oder an einem anderen Tag. Schaut euch im nächsten Schritt die genannten Aspekte an, die allgemeiner gehalten sind:

- Wie möchtet ihr miteinander umgehen?
- Wie könnt ihr Streitpunkte klären, die immer wieder auftauchen?
- Wie möchtet ihr behandelt werden?
- Wie wichtig ist es euch, einander zu helfen?
- Welche Regeln sollen für das gemeinsame Essen gelten?

Diese Regelungen schreibt ihr auf und malt sie auf ein Plakat, das ihr dann noch schön gestalten könnt. Damit du ein paar Anregungen hast, schreibe ich dir einmal mögliche Ideen auf:

- Wir lassen einander ausreden und hören uns gut zu.
- Wir helfen einander, so gut es geht.
- Kinder dürfen ihr Spiel noch beenden, dann wird gegessen.
- Wir beginnen gemeinsam mit dem Essen.
- Kinder warten mit dem Aufstehen nach dem Essen, bis alle Kinder fertig gegessen haben.
- Wir räumen Spielzeug, Handys und Zeitungen vor dem Essen weg.

- Wenn wir ins Haus kommen, räumen wir Jacken, Taschen und Schuhe auf.
- Abends räumen wir Spielzeug aus dem Wohnzimmer auf.

Wie viele Regeln ihr aufstellt und welche Bereiche sie umfassen, ist ganz euch überlassen. Hängt das Plakat auf oder legt es an einen Platz, der für alle Familienmitglieder gut zugänglich ist.

Was passiert bei Missachtung der Regeln?

Ihr habt Familienregeln aufgestellt, aufgeschrieben, und am nächsten Tag werden sie direkt gebrochen? Das ist völlig normal und wird noch ganz oft passieren, womöglich nicht nur den Kindern. Aber was geschieht eigentlich, wenn ein Familienmitglied die Regeln bricht? Ich habe ja bereits erwähnt, dass ich von Strafen nicht viel halte. Das tue ich auch in so einem Fall nicht. Ich schaue immer auf mich selbst und frage mich, wie ich auf Strafen reagiere. Ich erkenne schnell, dass ich dann meist wütend bin, selbst wenn die Strafe berechtigt ist wie ein Strafzettel für das Falschparken. Strafen sollen ja eigentlich erreichen, dass der, der einen Regelverstoß begangen hat, einsichtig wird. Meiner Erfahrung nach gelingt das aber innerhalb der Familie nicht. Sicherlich müssen Verkehrsverstöße sanktioniert werden, aber in der Familie machen Strafen meiner Meinung nach keinen Sinn. Viel besser ist es, mit den Kindern immer wieder darüber zu sprechen und auf die gemeinsamen Regeln zu verweisen, im besten Fall im neutralen Ton, auch wenn uns das nicht immer gelingt.

Ich habe für mich beschlossen, das ewige Diskutieren einfach so hinzunehmen. Kinder in der Wackelzahn-Pubertät tun das einfach gerne. An manchen Tagen halte ich es gut aus, oft nervt es mich auch. Es gehört aber zu einem Leben mit Kindern dazu, vor allem wenn wir ihnen auf Augenhöhe begegnen möchten. Mit Jimmy muss ich oft stundenlang verhandeln, das ist anstrengend und an manchen Abenden möchte ich meinen Kopf in den Sand stecken. Wenn ich früher Strafen verhängt und ihm zum Beispiel das Fernsehen verboten habe, war die Stimmung aber noch viel schlechter und ich musste insgeheim zugeben, dass ich meine Elternmacht missbrauchte, weil ich anders nicht mehr weiterkam. Gebracht haben die Strafen nie etwas. Am nächsten Tag hatten wir nämlich wieder das gleiche Theater. Auch nun, ohne Strafen, läuft nicht alles rund. Aber wenn ich meinen Ärger in einer ruhigen Minute erläutere und an unsere Regeln erinnere, hören die Kinder zu und sind bereit, wieder mitzumachen.

ATEMPAUSE FÜR ELTERN

Nicht dauernd zu schimpfen, an den Kindern rumzunörgeln oder sie anzumeckern ist echt anstrengend und man muss sich laufend selbst reflektieren. Wer den ganzen Tag mit seinen Kindern verbracht hat, ist zu Recht am Abend völlig erledigt. Sei dir dessen bewusst und nimm dir Zeit für dich. Auch ich falle manchmal in alte Verhaltensmuster zurück, meist ist das so, wenn ich gestresst bin und viel um die Ohren habe. Elternsein und gut mit den Kindern umzugehen ist die schwierigste Aufgabe, die ich je bewältigen musste, und ich scheitere immer wieder. Ich finde aber, die Mühe lohnt sich, denn es fühlt sich so gut an, die Kinder in ihrem Wesen wirklich und wahrhaftig respektieren zu können. Dafür brauche ich aber auch Abstand, um mich selbst nicht zu verlieren, und das brauchst du auch!

Eine langfristige Lösung

Aus Erfahrung kann ich dir sagen, dass bei uns sehr oft Regeln gebrochen werden. Aber ich kann auch sagen, dass sich das Verhalten meiner Kinder durch Sanktionen oder Drohungen nicht geändert hat. Habe ich aber stattdessen mit meinen Kindern gesprochen, sie freundlich an die gemeinsam aufgestellten Regeln erinnert und sie nach dem Grund für ihr Verhalten gefragt, kam meist ein gutes Gespräch zustande, und die Chance war groß, dass diese Situation etwas in ihnen verändert hat. Langfristig merke ich, dass den Kindern die Regeln in Fleisch und Blut übergehen, weil sie wissen, warum sie da sind.

Wir finden durch tägliche Übung immer schneller zu Kompromissen und können uns manchmal von der Kreativität unserer Kinder eine Scheibe abschneiden. Sie haben immerzu tolle Ideen, und wir Erwachsenen spüren, dass auch sie den Wunsch haben, dass alle zufrieden sind. Das macht uns als Familie stark, und wir spüren echten Zusammenhalt.

Darum möchte ich dich ermutigen, es ebenfalls auszuprobieren. Mit den Familienregeln findest du einen guten Weg für das Zusammenleben. Binde das Finden von Kompromissen in den Alltag ein, und sanktionier es nicht, wenn Regeln nicht eingehalten werden. Kindern sind die Regeln vor allem am Anfang nicht so präsent wie uns und vielleicht manchmal auch nicht so wichtig. Mit Sicherheit ist ihnen aber eine gute Atmosphäre zwischen euch wichtig. Ich verspreche dir, diese Anstrengung zahlt sich aus und bringt euch alle ein ganzes Stück weiter.

Trödelnde Kinder – das Elternproblem Nummer eins

Morgens um halb acht ist bei uns immer was los. Während ich die Brotdosen fertig mache, ziehen sich die Kinder an und putzen die Zähne. Zehn Minuten später gehe ich zu ihnen und rufe zum Abmarsch, da trifft mich oft der Schlag: Das Schulkind sitzt im Schlafanzug im Kinderzimmer und spielt mit seinem Tipp-Kick-Spiel. Die Mittlere, die gleich in den Kindergarten muss, kämmt sich versonnen im Nachthemd die Haare. Ich muss mich beherrschen, um keinen Schrei loszulassen …

Momente wie diese treiben uns Eltern zur Weißglut, denn wir müssen morgens los und haben enormen Zeitdruck. Die Kinder scheint das nicht zu interessieren, sie trödeln vor sich hin, sind in Spiele versunken oder ziehen sich so langsam die Hose an, als hätten sie erst gegen Mittag Schule. Auf Instagram habe ich eine Müttersprechstunde etabliert, in der ich mit anderen Müttern über allerlei Herausforderungen diskutiere (→ den Link findest du im Anhang). Bei einer Umfrage, was im Alltag mit Kindern am meisten nervt, finden die meisten den Morgen und das Trödeln am schlimmsten. Auch ich habe manchmal schon morgens um sieben Uhr das Gefühl, gleich explodieren zu müssen. Schwierig wird es vor allem dann, wenn die Kinder besonders früh im Kindergarten sein sollen, sie in die Schule gehen oder einen frühen Arzttermin haben.

Leben im Hier und Jetzt

Wieso ist das eigentlich so? Warum haben Kinder einfach kein Verständnis für den Stress, den wir am Morgen haben? Sie ziehen sich in Zeitlupe an, sie streiten, diskutieren, wollen lieber das grüne Kleid oder überhaupt nicht in den Kindergarten gehen.

Mir hat geholfen, mich auf die verschiedenen Bedürfnisse zu besinnen. Meine lauten anders als die der Kinder. Ich möchte zu Hause fertig werden, keine Zeit verschwenden und schnell ins Büro kommen. Ich erwarte, dass die Kinder, die unseren Ablauf morgens gut kennen, mitmachen. Die Kinder tun auch die meiste Zeit, was ich sage, denn wir haben darüber gesprochen, dass wir Eltern arbeiten müssen und es deshalb eilig haben. Auch Arzttermine kündige ich an. Kinder denken aber einfach ganz anders als wir. Zeitdruck und Termine haben für sie keine so große Bedeutung, und das ist ja eigentlich etwas Wunderbares. Selbst wenn ein Kind in die Schule geht und genau weiß, dass Zuspätkommen unangenehm ist, lebt es im Hier und Jetzt. *Das Zuspätkommen ist noch eine halbe Stunde entfernt, aber dort drüben wartet das spannende Tipp-Kick-Spiel. „Wäre es nicht schön, ein paar Bälle zu tippen? Ach, nur ein paar Minuten, das wird schon drin sein“* – und zack, ist das schönste Spiel im Gang.

Prokrastination

Vielen Kindern fallen die Übergänge im Tagesablauf schwer. Vom Frühstück zum Anziehen, vom Anziehen zum Zähneputzen und ab in den Flur: Was uns spielend leicht gelingt, ist für Vor- und Grundschulkinder mental nicht so einfach. Außerdem drücken sie sich vor unangenehmen Tätigkeiten. Wir kennen das unter dem Begriff Prokrastination oder „Aufschieberitis“. Es ist ja so viel schöner, morgens einen Stall für die Kuscheltierponys zu bauen, als sich für den Kindergarten fertig zu machen. Vor allem Kindergartenkindern fällt es schwer, von einer Situation schnell in die andere zu wechseln. Das hat auch etwas mit der Entwicklung ihres Gehirns zu tun und wird im Laufe der Jahre immer leichter. Aber auch Schulkinder finden es oft schwierig, vom gemütlichen Frühstück mit Milch und Müsli ruckzuck zum Anziehen überzugehen. Es war doch gerade noch so heimelig am Tisch und schon werden sie wieder herumgescheucht.

Außerdem denken Kinder nicht an die Langzeitfolgen. In unserem Gehirn rattert es morgens: „Zu spät ins Büro kommen bedeutet, schneller arbeiten zu müssen oder die Konferenz zu verpassen. Dann wird alles noch knapper. Was wird der Chef sagen? Ich war ja letzte Woche schon zu spät. Hoffentlich wird das dann etwas mit der Gehaltserhöhung in ein paar Wochen ...“ Wow, in zwei Minuten denken wir über die nächsten Monate nach. Unsere Kinder denken in zwei Minuten darüber nach, welchen der Tipp-Kick-Spieler sie besser auswechseln sollten.

Nun, was bringt dir dieses Wissen? Ganz schön viel. Zwar müsst ihr weiterhin pünktlich los, aber ich finde, wenn wir die Kinder verstehen, können wir besser reagieren.

Gute Vorbereitung

Hier habe ich ein paar Tipps für dich, wie du deine Kinder morgens besser motivieren kannst, pünktlich zu sein:

- Gemeinsam mit dem Kind den Kleiderschrank durchschauen und nur noch die Kleider zurückhängen, die das Kind mag und gerne anzieht.
- Die Klamotten am Abend vorher rauslegen und die Kinder wählen lassen: Möchtest du lieber diese Hose oder den Rock anziehen?
- Geschmacksdifferenzen zugunsten der Stressreduzierung hinnehmen.
- Den Kindern den Zeitpunkt für das Anziehen überlassen: Möchtest du dich lieber vor dem Frühstück oder danach umziehen?
- Die Kleider morgens auf die Heizung legen, dann sind sie beim Anziehen schön warm.
- Auf Klamotten verzichten, die schwer anzuziehen sind (knifflige Knöpfe mit engem Knopfloch, enge Strumpfhosen, enger Hosenbund, Reißverschlüsse).
- Kindern mit langen Haaren die Haare am Abend kämmen und zu einem Zopf flechten oder binden. So erspart ihr euch am Morgen langes Kämmen oder Entwirren.
- Ihr könnt auch die Brotdosen abends vorbereiten. Rohkost schneiden, Salzbrezeln und eine Banane einpacken, eventuell sogar schon ein Brot schmieren und über Nacht in den Kühlschrank stellen.
- Zeit am Morgen könnt ihr auch sparen, indem ihr abends vor dem Schlafengehen schon einmal den Tisch mit Frühstücksgeschirr und Müsliflocken deckt.
- Geht abends durch, ob alle Elternbriefe unterschrieben sind und noch genug Kleingeld für Notfälle vorhanden ist.
- Legt Rucksäcke, Taschen und Kleidung schon bereit oder sucht nach einem guten Platz, an dem ihr die Taschen deponieren könnt.

Was Trödel-Kindern hilft

Hier liste ich dir ein paar Vorschläge auf, die deinem Kind helfen können, morgens schneller fertig zu werden.

- Kündige immer mal wieder an, wie viel Zeit euch noch bleibt. Die Wunschkind-Autorinnen empfehlen die 5-3-1-Regel: „In fünf Minuten müssen wir los, du kannst noch kurz mit deinem Fußball spielen.“ – „In drei Minuten müssen wir los, du kannst jetzt die Jacke anziehen.“ – „In einer Minute geht es runter zum Auto, nimm bitte deine Mütze mit.“
- Auch ein akustisches Signal kann helfen. Ihr könntet euch einen Wecker stellen oder eine Playlist mit euren Lieblingsliedern zusammenstellen. Außerdem gibt es Wecker für Kinder, die die verbleibende Zeit als rotes Stück markieren. So haben auch Kinder, die keine Uhr lesen können, im Blick, wie viel Zeit noch bleibt.
- Ihr könnt den morgendlichen Ablauf aufmalen und als Plakat an die Badezimmertür oder in den Flur hängen: Frühstück, Anziehen, Zähne putzen, die Brotdose in den Rucksack oder den Schulranzen packen und Schuhe anziehen.
- Ich habe in den letzten Jahren gemerkt, dass ältere Kinder die Hilfe beim Anziehen manchmal einfordern, um noch etwas zu kuscheln. Erst hat es mich geärgert, weil sie das ja eigentlich schon können und mich das Strümpfeanziehen wertvolle Zeit kostet. Nun aber sehe ich es als eine Form der Zuwendung und bin mir sehr sicher, dass Jimmy und Luise sich spätestens in der Pubertät selbst anziehen wollen.

Kindern Verantwortung im Haushalt übertragen

Manchmal gehe ich durch die Kinderzimmer und hebe haufenweise Kleidung auf, die die Kinder achtlos hingeschmissen haben. Das ärgert mich dann. Ich ärgere mich auch, wenn ich den Tisch decke, gekocht habe und das Essen serviere, die Kinder das aber nicht anerkennen. Oder wir kommen vom Einkaufen, stürmen alle ins Haus, und ich muss die Einkaufskörbe alleine tragen. Wie kann das anders gehen?

Ich habe jedenfalls die letzten Jahre immer alles alleine gemacht und die Kinder kaum mit eingebunden. Der Grund lag meist darin, dass es so eben schneller geht. Mit einem kleinen Kind zu kochen oder die Wäsche aufzuräumen bedeutet am Ende, dass es noch länger dauert. So schleicht sich die Sache ein, und eines Tages wundern sich Eltern wie ich, dass sie alles selbst machen müssen und die Kinder nicht von alleine darauf kommen, Aufgaben zu übernehmen. Das tun sie jedoch selten, wenn wir ihnen alles fertig gekocht und geputzt vor die Nase setzen.

Am besten ist es, den Kindern von Anfang an zu zeigen, dass ihre Mitarbeit erwünscht ist und gebraucht wird, denn wenn sie klein sind, arbeiten sie sehr gerne mit. Sind sie größer und im Vorschul- oder Grundschulalter, gibt es einfach so viele Dinge, die spannender sind, als die Spülmaschine einzuräumen. Räumt mein 3-jähriger Sohn noch gerne Tassen auf und erfreut sich am Tellerstapeln, verschwinden meine beiden Wackelzahn-Rebellen dagegen wie auf Kommando, wenn es etwas zu tun gibt.

Die Sachlage erklären

Nun sind die Kinder nicht gerade begeistert, wenn sie sich an der Hausarbeit beteiligen sollen. Zum einen, weil sie es nicht gewohnt sind, zum anderen, weil sie lieber im Zimmer spielen oder sich schnell mit Freunden treffen wollen. Dann ist jetzt allerdings der richtige Zeitpunkt, um mit ihnen über den Haushalt zu reden und über die Verantwortung, die alle Familienmitglieder dafür tragen. Du kannst das auch im Rahmen der Familienkonferenz machen (→ „Familienregeln gemeinsam aufstellen und einhalten: So geht's!“). Erkläre den Kindern, dass du findest, dass alle Menschen, die hier zusammen unter einem Dach wohnen, auch Pflichten haben. Erzähl ihnen in Ich-Botschaften, wie es für dich ist, alles alleine machen zu müssen. Sie verstehen bestimmt, dass auch du oft keine Lust auf Abwasch und Wäsche hast. Wichtig ist, den Kindern zu vermitteln, dass jeder etwas beitragen kann. Der Umfang der Arbeit entspricht natürlich dem Alter.

Wir reden oft davon, dass die Kinder helfen sollen. Das bedeutet aber nicht zwangsläufig, dass sie Verantwortung übernehmen. Ziel soll es sein, dass nicht einer alleine die Verantwortung für den Haushalt trägt, sondern alle gemeinsam, denn auch Aufgaben delegieren und im Blick behalten, was wann getan werden muss, bedeutet Mühe und Arbeit. Viel besser ist es, wenn alle auf den Haushalt achten und lernen, einen Überblick über die anfallenden Aufgaben zu bekommen. Das ist natürlich von Kindern im Alter zwischen fünf und zehn Jahren viel verlangt, aber wir stellen jetzt die Weichen für später.

Aufgaben und Verantwortung verteilen

Prima ist es, den Kindern eigene Verantwortungsbereiche oder kleine Aufgabenpakete zu geben. Frag sie mal, ob es etwas gibt, das sie gerne machen. Kinder im Alter von fünf bis zehn Jahren können schon sehr viele Aufgaben übernehmen:

- den Müll rausbringen
- kleine Einkäufe erledigen
- Tisch decken und abräumen
- Spülmaschine einräumen
- Staub saugen und Staub wischen
- Betten machen
- Kleider wegräumen
- Pflanzen gießen
- Toilettenpapier auffüllen
- Haustiere versorgen.

Wenn Kinder keine Lust haben

Wie gehen wir Eltern damit um, wenn die Kinder wissen, wie wichtig ihr Anteil an der Hausarbeit ist, sie Aufgaben und Verantwortung bekommen haben und dennoch nicht tätig werden? Das kommt sicher häufiger vor, und so ist das auch bei uns. Abhilfe schaffe ich dann am besten, wenn ich mal nachfrage. Ganz oft sagen die Kinder, dass noch keine Zeit für ihre Aufgabe war, sie es aber später nachholen werden. Ab und zu haben sie einfach gar keine Lust oder sind zu müde. Manchmal bringt es etwas, ihnen Mithilfe anzubieten, dafür sind die Kinder oft dankbar. Ich wette, sie kommen so auch auf die Idee, dir bei deiner Arbeit mal unter die Arme zu greifen. Wir kennen das doch auch: Eigentlich müssten wir die Wäsche aufräumen, haben aber einfach keine Lust dazu und lassen den Korb stehen.

Erinnere deine Kinder immer mal wieder an ihre Aufgaben, bitte sie freundlich, dir zu helfen und sei großzügig mit deiner Hilfe. So wird die Hausarbeit auf Dauer eine Selbstverständlichkeit für sie, dein Frust wird weniger und du fühlst dich nicht mehr allein gelassen mit all der Arbeit. Das ist natürlich ein Prozess, der Zeit braucht, und Wunder dürfen wir nicht erwarten. Ich wette, du hast deinem

Kind genauso wie ich bisher viel zu viele Dinge abgenommen, die es eigentlich selbst tun kann, oder hast die Arbeit im Haushalt schnell erledigt, ohne um Mithilfe zu bitten. Für die Bequemlichkeit der Kinder sind wir deshalb selbst verantwortlich und dürfen uns nicht wundern, wenn wir bisher auf einem Berg an Arbeit sitzen geblieben sind. Hast du deinem Kind schon einmal gezeigt, wie es die Waschmaschine mit Wäsche befüllt und einschaltet, einen Spiegel putzt oder das Waschbecken reinigt? Fang mit kleinen Dingen an, und ich wette, dass es den Kindern sogar richtig Spaß machen kann, zu einem funktionierenden Haushalt beizutragen.

Bei uns hat sich etwas verändert, seitdem ich die Kinder stärker mit einbinde, und ich achte bewusst darauf, dass sie an allen Tätigkeiten beteiligt sind, die sie erledigen können. Mein Sohn saugt nach dem Essen unter dem Tisch durch, meine Tochter wischt einmal mit dem Lappen über die Tischplatte. Alle Kinder stellen ihr schmutziges Geschirr in die Küche oder sortieren es direkt in die Spülmaschine ein. Kommen wir aus dem Urlaub, helfen alle beim Taschenschleppen. Gehen wir einkaufen, holen die Kinder den Einkaufswagen. Außerdem habe ich ihnen erklärt, dass ich mich ärgere, wenn ich immerzu ihre schmutzigen Kleider aufheben muss. Wir haben besprochen, dass sie sie selbst in den Wäschekorb tragen. Halten sie sich immer dran? Nein, nicht immer. Aber immer öfter!

TIPP FÜR DEN ALLTAG

Besorg für jedes deiner Kinder ein kleines Wäschekörbchen in einer bestimmten Farbe, das sie gut tragen können. Da kannst du mit den Kindern zusammen die Wäsche einsortieren und das Körbchen zum Einräumen an sie übergeben.

Ordnung ist Ansichtssache

Ich mag es gerne ordentlich und übersichtlich. Jedes Ding braucht seinen Platz und wird nach Gebrauch wieder weggeräumt. Meine Kinder haben eine andere Auffassung von Ordnung. Sie finden ihrer Meinung nach alles dann am besten, wenn es wild um sie herum verteilt ist. Aufräumen ist für sie unnötige Zeitverschwendung und sie würden von selbst niemals auf die Idee kommen, Spielsachen in Kisten und Körbe einzusortieren.

Ich tippe stark darauf, dass deine Kinder ähnlich ticken wie meine. Im ersten Kapitel des Buchs habe ich das Thema Zimmer aufräumen bereits angesprochen. Der Punkt Ordnung birgt eine Menge Konfliktpotenzial, weil die Sichtweisen von Eltern und Kindern wieder einmal sehr unterschiedlich sind. Eltern brauchen die Ordnung nicht nur, weil es dann für sie wohnlicher ist, sie brauchen die Ordnung auch, damit sie alles wiederfinden, was gebraucht wird. Erwachsene wissen, wie nervig es ist, ständig etwas suchen zu müssen. Kinder haben diesen Weitblick dagegen noch nicht. Sie sitzen in ihrem Zimmer, sind in ihr Spiel versunken und denken nicht darüber nach, dass sie in all dem Chaos den Schlafanzug nicht mehr finden, den sie heute Abend vor dem Zubettgehen brauchen werden.

Kinderzimmer aufräumen

Ordnung lernen die Kinder am besten, wenn du sie dabei unterstützt. Hilfreich sein können:

- Große Kisten und Körbe, in die das Spielzeug einsortiert werden kann.
- Gemeinsames Ausmisten von Spielsachen, die die Kinder nicht mehr brauchen.
- Nur wenig neue Dinge schenken und anschaffen.

- Den Kindern den Wert von Spielsachen vermitteln, kaputte Dinge reparieren und das Eigentum pfleglich behandeln.
- Wenn die Kinder Besuch von Freunden haben, schlag vor, dass die Besucher vor dem Aufbruch mit aufräumen.

Für dich lautet die Aufgabe, eine gewisse Unordnung im Kinderzimmer zu tolerieren und hinzunehmen. Am besten ist es, so wenig vorwurfsvoll wie möglich zu reagieren und nicht rumzumeckern, wenn dich mal wieder der Schlag trifft. Ich weiß, es ist schwer, aber es wird zu einer besseren Stimmung beitragen.

Ordnung im Wohnzimmer

Das Kinderzimmer ist Privatsache des Kindes, aber Wohn-, Ess- und Badezimmer wird von euch allen benutzt, und hier muss auch das Bedürfnis nach Erwachsenen-Ordnung berücksichtigt werden. Könnt ihr euch in der Familienkonferenz (→ „Familienregeln gemeinsam aufstellen und einhalten: So geht's!") auf eine Grundordnung einigen? Könnte sich abends jedes Kind um eines der Zimmer kümmern und herumliegende Dinge aufräumen?

TIPP FÜR DEN ALLTAG

Körbe und Kisten sind vielseitige Helfer. Schnappt euch abends gemeinsam einen Korb und räumt alle herumliegenden Sachen in Wohnzimmer, Bad und Küche ein. Dann verteilt ihr sie an den richtigen Ort. Hört dazu eine lustige Familien-Aufräum-Playlist und macht aus der Sache ein Spiel oder einen Wettbewerb. Stellt euch einen Wecker auf 15 Minuten, und sobald er bimmelt, ist es genug für heute. Wo Kinder leben, herrscht eben öfter mal gemütliches Durcheinander.

Wie Kinder gute Manieren lernen

Neulich waren unsere Nachbarskinder zu Gast und haben bei uns zu Mittag gegessen. Beide Kinder haben Messer und Gabel benutzt, saßen friedlich und gerade auf ihren Stühlen und aßen ganz manierlich. Dabei beobachteten sie meine Kinder, die herumhampelten und albern waren. Sie benutzten kein Messer, dauernd fiel ihnen das Essen auf den Schoß, Jimmy fiel vom Stuhl und Luise stieß einen Becher um. Was haben die Nachbarn mit ihren Kindern anders gemacht als wir?

Wenn das bei dir auch so läuft, habe ich eine gute Nachricht. Niemals werden sich deine Kinder wie zu Hause benehmen, wenn sie bei anderen zu Gast sind. Ich habe unserer Nachbarin davon erzählt, was für tolle Manieren ihre Kinder haben. Sie wunderte sich darüber, denn bei ihr benutzen die Kinder das Messer nie. Unsere Kinder dagegen seien sehr lieb, wenn sie bei ihr essen dürften, versicherte sie mir. Ich kann dir eine Sache von vornherein ans Herz legen: Mach dir keine Sorgen über das Benehmen deiner Kinder. Solange ihr zu Hause gute Vorbilder seid, ihr Erwachsenen mit anderen Menschen höflich umgeht und sie respektvoll behandelt, werden es deine Kinder euch ganz automatisch nachtun. Das Gleiche gilt für gute Tischmanieren. Allerdings kann das etwas dauern, und es könnte sein, dass du mit deinen Wackelzahn-Rebellen und -Rebellinnen ein wenig Geduld haben musst.

ATEMPAUSE FÜR ELTERN

Unser Bedürfnis nach Ruhe beim Essen wird zu Hause meist nicht gestillt. Daher tut es so gut, mal wieder ohne die Kinder essen zu gehen. Denkt daran, euch ab und zu mal einen Babysitter zu gönnen und ein Restaurant zu besuchen und die friedliche Mahlzeit zu genießen.

Schweinereien am Tisch

Kinder in der Wackelzahn-Pubertät können eigentlich schon eine ganze Menge: üben, mit Messer und Gabel zu essen, darauf achten, nicht zu kleckern, eine Serviette benutzen und beim Kauen den Mund schließen – theoretisch. Praktisch sieht das meist anders aus.

Die Kinder lernen Manieren am Tisch am besten dadurch, dass wir es ihnen vormachen, ihnen Hilfestellung geben und sie ein wenig anleiten. Außerdem ist es sinnvoll, mit ihnen über Tischmanieren zu sprechen. Wie benimmt man sich eigentlich im Restaurant oder bei Omas Geburtstagsfeier? Was soll das viele Besteck rund um den Teller, wenn Kinder mal in einem feinen Lokal sind? Warum ist es für andere Menschen unappetitlich, wenn man beim Kauen den Mund offen stehen lässt?

Dennoch läuft es zu Hause beim Essen oft anders als von den Eltern gewünscht. Ich persönlich habe damit manchmal Schwierigkeiten und bitte meine Kinder, sich doch zu benehmen, denn ich habe es gerne ruhig und ordentlich am Tisch. Hier treffen wieder verschiedene Bedürfnisse aufeinander. Vielleicht kommt dir das bekannt vor: Kinder in der Wackelzahn-Pubertät haben einen riesigen Spaß an Rülps-Wettbewerben. Ich kann das nicht leiden, aber Pädagogin und Kommunikationstrainerin Dr. Isabel Gößwein riet mir, locker zu bleiben. Sie selbst weiß, wie gerne ihre eigenen Kinder zu der Zeit gerülpst haben, und rät Eltern, das gelassen hinzunehmen. Ich werde Isabels Tipp annehmen und auf jeden Fall versuchen, beim nächsten Mal nicht so streng sein. Ich weiß ja nun, dass sich die Lust am Rülpsen irgendwann legt. Mach dir also keinen Kopf, wenn sich deine Kinder wie die Räuber benehmen. So lange sie wissen, wie es eigentlich geht, werden sie auch danach handeln, wenn sie irgendwo zu Gast sind.

Weil es für meine Kinder manchmal schwierig ist, sich manierlich zu benehmen und sie auch keinen Spaß an dem Besuch haben, gehen wir nicht besonders oft in ein feines Restaurant. Tun wir es doch, bitte ich sie vorher, sich gut zu benehmen und sich an die Regeln zu halten, die ich ihnen erklärt habe. Auf Räuber-Rülps-Wettbewerbe bitte ich, zu verzichten, und meist halten sie sich auch daran.

TIPP FÜR DEN ALLTAG

Veranstaltet zu Hause doch einmal im Monat eine Räuber-Mahlzeit. Alle dürfen so essen, wie sie möchten, gerne auch mit den Händen. Rülps-Wettbewerbe sind ausdrücklich erlaubt, verschmierte Finger ein Muss. So können die Kinder ihre Leidenschaften ausleben, ihr habt alle etwas zu lachen und gleichzeitig lernen sie, dass alle Dinge, die beim Räuber-Essen erlaubt sind, im Restaurant und bei Omas Geburtstagsfeier nicht gerne gesehen werden.

Danke, Bitte und Auf Wiedersehen

Du kennst diese unangenehmen Situationen wahrscheinlich: Dein Kind bekommt etwas geschenkt oder ein Gast möchte es freundlich begrüßen, aber es sagt einfach nichts, rennt weg oder versteckt sich hinter dir. Eigentlich weiß es, wie wichtig es ist, „Danke" zu sagen, und du hast es auch gebeten, Menschen zumindest mit einem „Hallo" zu begrüßen. Immer dann, wenn es um gesellschaftliche Konventionen geht und sich unsere Kinder nicht daran halten, ist uns das peinlich. Sicher kennst du auch die Angst, andere Menschen könnten denken, dass du deinen Kindern keine Manieren beigebracht hast. Hier kommt der erste Tipp: Versuch dich davon frei zu machen. Hier gilt wie so oft, dass deine Kinder aus Erfahrung lernen und du ihr Vorbild bist. Begrüßt du den Gast freundlich und tust das auch im Namen deines Kindes, hat es einmal mehr gesehen, wie es geht. Ist es älter und hat mehr Mut, wird es das dann auch tun. Das Kind vor dem anderen zurechtzuweisen oder darauf zu bestehen, dass es „Danke“ und „Hallo“ sagt, wird es nur beschämen.

Wir erwarten von Kindern im Wackelzahn-Alter oft sehr viel. Weil sie unsere Worte und deren Inhalt verstehen und theoretisch das tun können, was wir von ihnen verlangen oder was richtig ist, finden wir es seltsam, wenn sie nicht danach handeln. Ein Kind in diesem Alter ist ja praktisch in der Lage, die Tür zu öffnen, dem Gast die Hand hinzuhalten und „Hallo“ zu sagen. Dass dieses Handeln aber mit großer Überwindung einhergeht, vergessen wir meist.

Denk doch mal an deine eigene Kindheit! Vielleicht ging es dir da wie mir. Für mich war es furchtbar unangenehm, anderen erwachsenen Menschen „Guten Tag“ zu sagen, obwohl ich kein schüchternes Kind war. Mach am besten kein großes Aufheben darum und übernehme Begrüßung, Verabschiedung und andere Höflichkeitsfloskeln für dein Kind. Frag es hinterher ruhig, warum es sich nicht traut, mach ihm Mut und akzeptier es, wenn es in dieser Beziehung weiterhin schüchtern ist. Vielleicht ist ihm der Gast oder die Tante einfach auch nicht geheuer gewesen.

Ich erkläre meinen beiden Wackelzahn-Rebellen übrigens auch, dass es höflich ist, sich bei Eltern der Freunde vorzustellen, die sie besuchen oder sich für ein Mittagessen oder eine Mitfahrgelegenheit zu bedanken. Irgendwann werden sie sich trauen, das auch auszudrücken, da bin ich mir sicher. Sich zu Hause daneben zu benehmen ist übrigens ein großer Liebesbeweis. Das tun die Kinder nämlich in vertrauter Umgebung und bei Menschen, deren Liebe sie sich gewiss sind. Zusammenreißen müssen sie sich ja oft, ob im Kindergarten, im Hort oder in der Schule. Sich so zu benehmen, wie es verlangt wird und dabei den gesellschaftlichen Konventionen zu entsprechen, ist für ein Kind ein großer Schritt, deren Bedeutung wir nicht unterschätzen dürfen.

EINEN ENTSPANNTEN
ALLTAG MIT VOR- UND
GRUNDSCHULKINDERN

RÄUBERMAHLZEITEN FÜR WACKELZAHN-REBELLEN

Wieso gibt es mit Kindern eigentlich so viele Diskussionen rund um das Essen, wenn es doch eigentlich ein sehr genussvolles Thema ist? Warum mögen kleine Wackelzahn-Rebellen und -Rebellinnen viele Zutaten nicht und wie können sich Eltern eine ganze Menge Ärger rund um das Kochen und Einkaufen ersparen? Wir klären in diesem Kapitel, ob es gefährlich ist, wenn ein Kind kein Gemüse isst und was es mit dem ewigen Speiseplan auf sich hat.

„Kinder, kommt meckern, das Essen ist fertig"

Jimmy und Luise sind wenig begeistert von Salat und Vollkornbrot. Rohkost essen sie nur widerwillig und beide je nur zwei Sorten, einzig der Nachtisch entlockt ihnen ein Funkeln in den Augen. Ärgerlich ist es, wenn ich gekocht habe, denn neue Rezepte mögen sie meist nicht. Trösten kann mich dann immer, dass es vielen Eltern so geht.

Wenn deine Kinder gerne essen, Gemüse lieben und neuen Geschmackssorten gegenüber offen sind, kannst du dieses Kapitel überspringen. Wenn du wie ich Kinder im Wackelzahn-Alter hast, die sich am liebsten von Schokocreme und Ketchup ernähren, dann habe ich vielleicht ein paar Inspirationen für dich. Ich selbst bin leiderprobt, was Kochen für Kinder angeht und habe vor allem eines herausgefunden: Kinder, die über das Essen ihrer Eltern meckern, kommen in allen Familien vor.

Ich selbst bin das beste Beispiel für eine völlig normale Entwicklung. Als Kind hasste ich Gemüse aller Art, Zucchini und Auberginen haben in mir Brechreiz ausgelöst, Spinat war geschmacklich die Hölle. Heute esse ich nahezu alles und liebe es, Neues auszuprobieren. Wenn meine Kinder angeekelt den Kopf abwenden, während ich mit einer Stange Lauch wedle, denke ich daran und schöpfe neue Hoffnung, dass sich mit der Zeit die Abneigung gegen Gemüse schon noch legen wird.

Verschiedene Bedürfnisse beim Essen

Seltsam! Erwachsene essen gerne in Ruhe, erfreuen sich an verschiedenen Geschmacksrichtungen, essen ihren Teller leer und erleben es als Genuss, wenn Gerichte für sie gekocht und sogar serviert werden. Viele Kinder halten von all diesen Punkten nichts. Sie lärmen herum, haben keine Lust zu essen, wollen immer nur Pommes und Nudeln und wissen die frische Essenszubereitung nicht zu schätzen. Kein Wunder, dass das Thema eine Menge Konfliktpotenzial birgt.

Der richtige Zeitpunkt

Kinder empfinden Mittag- und Abendessen so manches Mal als eine unnötige Unterbrechung vom Spiel, lautet meine Erfahrung. Entweder müssen sie von draußen reingeholt werden, obwohl sie gerade so schön gespielt haben, oder sie waren gerade in ihr Puzzle vertieft. Kein Wunder, dass sie das nicht gut finden. Ich bin aus diesem Grund davon abgekommen zu erwarten, dass alle springen, wenn ich gekocht habe. Meine Tipps:

- Kündige an, wann es Essen geben wird und wie viel Zeit zum Spielen bleibt. Findet einen guten Zeitpunkt für eine Unterbrechung. Binde die Kinder dann direkt beim Tischdecken mit ein.
- Lass dich auf Verhandlungen ein. Zehn Minuten hin oder her ist meist nicht schlimm. Die Kinder danken es dir, wenn sie noch das Fußballspiel beenden oder es wenigstens in der Halbzeit abbrechen können.

Die Freude am Genuss

Die Lust an der Essenszubereitung, das gemütliche Beisammensitzen und der Genuss von frisch Gekochtem ist etwas, was sich durch Erfahrung in unserem Gehirn festsetzt. Du selbst verknüpfst diese Eigenschaften mit Ereignissen aus deiner Vergangenheit: Es hat riesig Spaß gemacht, die Tomatensoße selbst zu kochen und du warst stolz, weil sie so gut geschmeckt hat. Du hast es genossen, zu essen und dich dabei in Ruhe mit deinen Lieben zu unterhalten. Es ist schmackhaft, frisch gekochte Kartoffeln und selbst gemachten Kräuterquark zu verspeisen. Aus mangelnder Erfahrung fehlt deinen Kindern diese Verknüpfung noch. Aber je öfter sie diese machen, desto mehr haben sie auch Lust auf Genuss am Essen.

- Kocht so häufig es geht gemeinsam. Lass die Kinder Gemüse schneiden, frisches Brot einkaufen gehen oder Kräuter aus dem Garten ernten. Lass sie an allem riechen und alle möglichen frischen Nahrungsmittel probieren.
- Züchtet Tomaten auf dem Balkon, geht Erdbeeren pflücken oder sät Kresse aus. Ernten macht unglaublich viel Spaß, und das Vernaschen von selbst Gezüchtetem ist großartig.
- Besucht gemeinsam einen Wochenmarkt, lass dein Kind Obst aussuchen oder an einer erdigen Kartoffel riechen. Beschäftigt euch mit frischen Lebensmitteln und besucht einen Bauernhof, auf dem frische Milch und Eier produziert werden.

Den Teller leer essen

Es ist unheimlich wichtig, dass Kinder ihren Körper spüren können und lernen, wann der Bauch voll ist. Was mich bei meinen Wackelzahn-Rebellen aber immer verwundert: Konnten sie gerade nicht einmal mehr vier kleine Nudeln essen, weil sich der Bauch so voll anfühlt, schlagen sie trotzdem beim Nachtisch wieder so richtig zu. Außerdem ist es oft so, dass sie nur kleine Portionen vertilgen, um dann nach einer Stunde mächtigen Hunger zu bekunden. Um Diskussionen solcher Art zu vermeiden, könntet ihr euch in Absprache mit den Kindern auf folgende Regeln einigen:

- Die Kinder nehmen sich ihre Portion selbst und essen, so viel sie können. Dabei gilt: Sich lieber weniger auf den Teller nehmen, und dann gern ein zweites Mal, damit keine Reste weggeschmissen werden müssen.
- Alles, was auf den Tisch kommt, darf probiert werden. Danach kann das Kind entscheiden, ob es sich mehr davon auf den Teller schaufelt.
- Wer das Essen nicht mag, kann sich ein Brot schmieren.
- Nachtisch ist keine Belohnung, sondern für alle da. Wenn ein Kind aber nur Mäuseportionen verdrückt, dann kann es den leeren Bauch nicht mit Süßem füllen. Warum das ungesund ist, kannst du einem Kind in der Wackelzahn-Pubertät auch schon erklären.
- Wer zwischen den Mahlzeiten Hunger hat, stillt diesen mit Obst, Knäckebrot und rohem Gemüse.

„Bäh, das mag ich nicht!“ – Wenn Kinder schlechte Esser sind

Meine Kinder haben als Babys und am Anfang ihrer Kleinkinderjahre immer gut gegessen und hatten runde Bäckchen und niedliche Kugel-Bäuchlein. Mit drei, vier Jahren ging es los: „Iiiii, das schmeckt mir nicht“ hörte ich von früh bis spät. Oskar isst inzwischen gar kein rohes Gemüse, Luise nur Gurken und Jimmy Paprika und Mini-Tomaten. Im Restaurant bestellen wir ausschließlich Pommes mit Ketchup. Ich habe mir deshalb schon Sorgen gemacht. Nehmen die Kinder auf diese Weise genug Vitamine zu sich? Mangelt es ihnen an Nährstoffen? Ist einer meiner Söhne zu dünn? Was haben wir falsch gemacht und wieso sind andere Kinder scheinbar viel unkomplizierter?

Stellst du dir auch solche Fragen? Vermutlich liegt es an der falschen Erziehung, glaubst du, oder die Kinder sind zu verwöhnt. Nun habe ich eine Beruhigungspille für dich! Das ist nicht nur gewöhnlich, sondern hat auch einen guten Grund, der früher sogar lebensnotwendig war. Der Kinderarzt Dr. Herbert Renz-Polster, Vater von vier Kindern und Autor vieler Erziehungsbücher, beschreibt, wie sehr wir Menschen urzeitlich geprägt sind. Schon damals begannen die Kleinkinder irgendwann zu krabbeln und sich von der Mutter zu entfernen. Damit sie auf ihrer Entdeckungstour nichts Giftiges zu sich nahmen, hüteten sie sich vor bitteren und grünen Dingen. Sie bevorzugten süße und energiedichte Lieblingsspeisen, die gut sättigten und so ihr Überleben sicherten. Gab es etwas Neues zum Essen, probierten sie davon erst einmal nur wenig. Wenn sie etwas gegessen hatten, das komisch schmeckte oder dem Magen nicht guttat, mieden sie es künftig, schreibt Dr. Renz-Polster auf seiner Internetseite „Kinder verstehen“ im Artikel „Iiiiiih, das mag ich nicht“.

Achtung, giftig!

So wie kleine Kinder ungerne alleine schlafen, auch wenn sie heute in ihren Kinderzimmern nicht von Wölfen und anderen Feinden bedroht werden, so sind sie auch beim Essen vorsichtig. Der Grund dafür liegt in der Evolution. Alleingelassene Babys wurden in der Höhle von wilden Tieren bedroht, Kinder, die alles aßen, vergifteten sich schnell. Also verhalten sich unsere Kleinkinder und auch die Kinder in der Wackelzahn-Pubertät einfach immer noch so, wie es ihnen ihr Instinkt rät. Sie müssen folglich erst lernen, welche Nahrungsmittel wirklich gut für sie sind, schreibt der Kinderarzt Dr. Renz-Polster. Dass wir ihnen nichts Giftiges vorsetzen, wissen sie, aber ihr Gefühl traut diesem Umstand noch nicht. Süße Nutella-Brote sind garantiert nicht giftig, bei Sellerie und Brokkoli dagegen verziehen sich die Nasen der Kinder schon beim Geruch. Kein Grund, Brokkoli für immer vom Speiseplan zu streichen und nur noch Schokocreme zu servieren, aber wenn du weißt, was hinter der süßen Vorliebe steckt, musst du dich nicht länger sorgen oder ärgern. Bald werden die Kinder von alleine mutiger, laut Dr. Renz-Polster, wenn sie zwischen acht und zwölf Jahre alt sind.

Ideen für Vitaminverweigerer

Wichtig für Kinder ist ein gesundes Verhältnis zum Essen. Folgende Vorschläge können ihnen dabei helfen, dies zu entwickeln:

- Laut Kinderarzt Dr. Renz-Polster lernen die Kinder auch beim Essen durch ihre Vorbilder. Wenn du also selber verschiedene Nahrungsmittel isst und genießt, werden sie es irgendwann auch tun.
- Lass die Kinder immer mal wieder probieren oder zumindest an den Nahrungsmitteln riechen. Iss weiterhin Spinat und frag immer mal wieder nach, ob deine Kinder heute Lust darauf haben.

- Zwing deine Kinder nicht dazu, etwas zu essen. Sie lernen vor allem in positiver Atmosphäre und wenn es gemütlich zugeht. „Stress, Unmut und Zwang unterbinden das selbst motivierte Probieren und führen zu einer Verfestigung der Ablehnung“, warnt der Kinderarzt.
- Laut Dr. Renz-Polster ist auch eine längere Gemüse-Diät kein Grund zur Sorge und lange nicht so bedenklich wie eine Essstörung, die durch Zwang, Stress oder Druck rund um das Thema Essen entsteht.
- Kinder möchten beim Essen mitbestimmen, dabei sein beim Kochen und Gerichte selbst zubereiten. „Auch beim Essenlernen wollen sich Kinder also als wirksam erleben – nur wenn sie selbst am Steuer sitzen dürfen, starten sie ihren Erforschungsmotor!“, so der Kinderarzt.

„Komm, wir backen Pfannkuchen!“ – Miteinander kochen und backen

Luise schneidet Tomaten klein, Jimmy sucht die Nudelsorte aus und entscheidet sich für Spaghetti. Dann geht’s los: Wir machen das Wasser heiß, lassen die Nudeln kochen und rühren die Tomatensoße an. Die Kinder sind mit Feuereifer dabei und lernen, wie vorsichtig sie mit kochendem Wasser sein müssen oder wie man verhindert, dass die Soße nach allen Seiten spritzt.

Die beste Idee, Kindern in der Wackelzahn-Pubertät das Essen schmackhaft zu machen, ist sie beim Kochen einzubinden. Das tun Eltern im besten Fall schon von klein auf und lassen bereits die Krabbelkinder unter Beachtung einiger Vorsichtsmaßnahmen mit in die Küche. Aber es lohnt sich auch mit fünf Jahren oder älter noch, in die Geheimnisse der Kochkunst eingeweiht zu werden. Das eine Kind hat mehr, das andere weniger Interesse, aber bei ein paar einfachen Rezepten wie Pasta mit Tomatensoße, Pfannkuchen oder selbst gemachter Pizza sind sicher alle Wackelzahn-Rebellen gerne dabei. Für eine Familie zu kochen bedeutet eine Menge Planung und Arbeit. Kinder im Alter von fünf bis zehn Jahren sind in der Lage, beim Kochen viele Aufgaben zu übernehmen. So lernen sie, dass sich das Essen nicht von alleine auf den Tisch zaubert und was für einen großen Teil sie selbst zu den Familienmahlzeiten beitragen können.

Gemeinsam einen Speiseplan erstellen

Sinnvoll ist es, Kinder nicht nur die Arbeit mitmachen zu lassen, sondern sie schon bei der Essensplanung einzubinden. Setzt euch doch mal an den Tisch und besprecht, welche Lieblingsspeisen ihr habt. Kommt ihr auf gemeinsame Nenner? Gibt es Gerichte, die die Kinder über alles lieben? Könnte man ein gutes Rezept mit einer Zutat, die die Kinder nicht mögen, abwandeln? Haben sie mal Lust, etwas Neues wie Sushi oder Frühlingsrollen auszuprobieren? Ihr könntet euch sonntags verabreden und gemeinsam den Kochplan für die kommende Woche erstellen. Wenn die Kinder wissen, was es in den nächsten Tagen zu essen gibt, können sie sich darauf einstellen, auch wenn ihnen eine Mahlzeit mal nicht so gut schmeckt.

Einkaufen und Spaß haben

Gemeinsam einkaufen kann richtig Spaß machen! Geht zusammen durch den Supermarkt oder samstags über den Wochenmarkt. Dabei könnt ihr neue Obstsorten entdecken oder ein Gemüse-Ratespiel machen. Lass dein Kind die Augen schließen und es muss erraten, welche Sorte du ihm unter die Nase hältst. Dabei redet ihr darüber, wie wichtig es ist, möglichst auf Plastikverpackungen zu verzichten, wieso lieber viel Obst und wenig Süßigkeiten in den Korb wandern sollten und wieso es spannend sein kann, Neues auszuprobieren oder sich mal etwas Besonderes zu gönnen. Falls ihr einen Supermarkt in der Nähe habt, lass dein Kind alleine einkaufen gehen. So lernt es den Umgang mit Geld und hat bald keine Scheu mehr, auch mal einen Verkäufer anzusprechen, um nach Lebensmitteln zu fragen. Außerdem tut es Kindern in der Wackelzahn-Pubertät so gut, selbst Verantwortung zu tragen und Angst zu überwinden. Was am Anfang ein kleines Abenteuer ist, wird bald zu einem gewöhnlichen Vorgang.

Zusammen in der Küche stehen

Du kannst dein Kind auch bei einer kalten Mahlzeit mit einbinden: Lass es Rohkost schneiden, Wurst und Käse anrichten oder Getränke holen. Lade es ein, beim Kochen dabei zu sein. Es kann zuschauen oder sich beteiligen, Wasser in den Topf füllen, den Herd anmachen und Öl in die Pfanne geben. Überbrückt mit einem kleinen Hocker die fehlende Höhe, sodass dein Kind überall gut hinkommt. Um Unfälle mit kochendem Wasser oder scharfen Messern vorzubeugen, ist die beste Methode, den Kindern den Umgang damit zu zeigen und sie sensibel zu machen für mögliche Gefahrenquellen. Mit fünf oder sechs Jahren brauchen Kinder Hilfe beim Kochen, aber gegen Ende der Wackelzahn-Pubertät sind sie sicher in der Lage, selbst Nudeln zu kochen oder Pfannkuchen zu backen.

Gute Ideen für einfache Mahlzeiten sind:

- Lasagne
- Pasta mit verschiedenen Soßen
- Pfannkuchen mit Spinat oder Apfelmus
- Reis mit Erbsen und Mais
- selbst gemachte Pizza
- Gemüsesuppen
- Aufläufe und Eintöpfe
- Dampfnudeln
- Linsen mit Spätzle oder Linsensuppe
- Nudelsalat

Auch backen macht Kindern großen Spaß. Wenn ihr alle daran Freude findet, könntet ihr immer freitags einen leckeren Kuchen für das Wochenende backen. Stöbert dazu gemeinsam im Internet oder in euren Backbüchern und genießt die gemeinsame Arbeit. Je nach Lust und Laune finden Kinder auch den Umgang mit Fondant toll. Haben sie als Kleinkinder noch mit Knete gespielt, könntet ihr euch nun ein Tortenprojekt vornehmen und Figuren aus Fondant herstellen. Übrigens ist das gemeinsame Kochen oder Backen auch eine gute Möglichkeit, um miteinander ins Gespräch zu kommen.

„Der ewige Speiseplan ewige Speiseplan“ – Kein Stress mehr in der Küche

Immer wieder stehe ich mittags vor dem Herd und weiß nicht so recht, was ich kochen soll. Probiere ich was Neues aus und gehe das Risiko ein, dass die Kinder nichts essen, oder backe ich Pommes im Ofen und habe eine satte Mannschaft?

Damit diese Grübelei ein Ende hat, habe ich mir etwas Neues ausgedacht. Weil ich bemerkt habe, dass Erwachsene abwechslungsreiche Speisen lieben, Kinder aber gerne Altbekanntes essen, gibt es bei uns nun den ewigen Speiseplan. Der funktioniert so: Montag ist Nudeltag, Dienstag kommt der Suppenkasper, Mittwoch gibt es Pizza, Donnerstag lautet das Motto „rund um die Kartoffel“ und Freitag machen wir eine Süßspeise. So wissen die Kinder schon bald, was nach dem Kindergarten oder der Schule auf sie zukommt und auch beim Einkaufen habe ich es leichter. Ich habe eine bestimmte Einkaufsliste mit Grundzutaten, dazu kommt Gemüse nach Saison oder ab und zu mal eine neue Zutat, damit es nicht langweilig wird. Folgende Lebensmittel haben wir immer im Haus:

- Nudeln / Buchstabennudeln
- passierte Tomaten
- Gemüse aller Art

- Frischkäse
- Backerbsen
- Pizzateig (Hefe, Mehl, Öl oder Fertigteig)
- Kartoffeln
- Mehl
- Eier
- Butter
- Milchreis
- Grieß

Montags: Nudeltag

Zu Beginn der Woche gibt es immer ein Nudelgericht. Manche Kinder, so auch meine Tochter, essen nur Nudeln ohne Soße. Falls du auch so ein besonderes Kind hast, biete einfach immer mal wieder einen Probierlöffel Soße an. Übrigens kannst du zusammen mit deinem Kind auch einmal Nudeln selbst machen. Das ist ein tolles Kreativprojekt für einen langweiligen Sonntagnachmittag. Leiht euch eine Nudelmaschine, bereitet einen einfachen Teig aus Wasser, Grieß, Ei und Mehl zu und los geht's!

Ideen für Nudelgerichte sind:
- Nudeln mit Tomatensoße
- Nudeln mit Bolognese
- Nudeln mit Ei und Schinken
- Lasagne
- Tortellini
- Maultaschen
- Linsen mit Spätzle

Dienstags: Suppentag

Mit diesem guten Trick bekommst du auch Gemüse-Verweigerer dazu, ein paar Vitamine zu verspeisen. Du kaufst Gemüse der Saison wie Karotten, Kartoffeln, Brokkoli, Blumenkohl oder Zucchini, dünstest es an, löschst es mit Wasser ab und köchelst es gar. Dann pürierst du alles durch und schmeckst mit Sahne oder Frischkäse und Salz ab. Dazu gibt es als Beilage Backerbsen, Würstchen oder Buchstabennudeln.

TIPP FÜR DEN ALLTAG

Gib der Suppe schöne Namen. Bei uns heißt sie je nach Jahreszeit „Frühlingssuppe“ oder „Herbstsuppe“ und die Kinder ahnen nicht, dass es sich hier tatsächlich um Gemüse handelt.

Mittwochs: Pizzatag

Pizza kannst du ganz einfach selbst backen. Dabei zu helfen macht Kindern übrigens große Freude! Entweder du kaufst fertigen Teig oder bereitest ihn selbst zu. Der wird ausgerollt, mit gewürzter Tomatensoße bestrichen und nach Belieben belegt. Anschließend kommt Reibekäse darauf, und ab geht es in den Ofen. Als Variante könnt ihr Pizzagesichter machen mit Paprika und Oliven für Mund und Nase. Mit Pizzateig lassen sich außerdem diese Gerichte zubereiten:

- Lauchkuchen
- Zwiebelkuchen
- Flammkuchen
- Pizzataschen
- Pizzaschnecken

Donnerstags: Kartoffeltag

Kaum eine Zutat ist so variabel wie die Kartoffel, darum ist es gut, immer einen großen Sack voll im Vorrat zu haben. Auch der absolute Essensfavorit, Pommes mit Ketchup, lässt sich daraus zaubern. Selbst gemacht sind sie aber viel gesünder als frittierte Pommes im Restaurant oder im Freibad. Du kannst dafür Kartoffeln schälen und in entsprechend große Stäbchen schneiden. Die gibst du in eine verschließbare Schüssel samt ein paar Esslöffeln Öl, Paprikagewürz und Salz. Einfach zumachen, schütteln, auf ein Backblech geben und bei 180 bis 200 Grad Umluft 30–40 Minuten backen.

Weitere Vorschläge für Kartoffelgerichte:

- Kartoffeln mit Kräuterquark
- Kartoffelbrei mit Fischstäbchen
- Gnocchi mit Tomatensoße
- Kartoffelrösti
- Bratkartoffeln
- Süßkartoffel-Pommes

Freitags: Süßspeisentag

Deine Kinder werden den Freitag noch mehr herbeisehnen, wenn ihr das Ende der Kindergarten- und Schulwoche mit etwas Süßem feiert. Der Favorit bei uns zu Hause ist Pfannkuchen mit Schokocreme oder Apfelmus. Einen einfachen Pfannkuchenteig können auch schon 5-Jährige anrühren und mit ein paar Jahren Übung an der Pfanne ist dieses simple Gericht dann auch ohne Hilfe zu schaffen.

Andere Süßspeisen, die bei Kindern bestens ankommen sind:

- Dampfnudeln
- Grießbrei
- Milchreis
- Germknödel
- Kaiserschmarren
- Arme Ritter

Viele weitere Rezeptideen für den ewigen Speiseplan findest du übrigens auf meinem Blog www.heuteistmusik.de

AUFKLÄRUNG FÜR VOR- UND GRUNDSCHULKINDER

Im Laufe der Wackelzahn-Pubertät stellen Kinder viele Fragen und möchten genauer wissen, wie das mit der Sexualität funktioniert. Ich verrate dir, wie dir Kinderbücher beim Beantworten behilflich sein können, dass es dazugehört, dass Kinder in dem Alter ihren Körper erkunden möchten und wie wichtig es ist, ihre Intimsphäre zu respektieren und zu schützen.

„Wie bin ich in deinen Bauch gekommen?" – Antworten auf spannende Fragen finden

„Wo war ich denn da?", fragt Luise, als wir uns alte Bilder anschauen. Nur wir Eltern und der große Bruder sind zu sehen.
„Dich gab es da noch nicht", antworte ich.
„Und wieso gibt es mich jetzt?", will Luise wissen.
Ich könnte ihr jetzt eine Geschichte vom Storch erzählen, aber das finde ich albern. Meine Tochter kommt bald in die Schule und sicher wissen viele andere Kinder Bescheid darüber, wie Babys entstehen. Also möchte ich ihr auch keine Märchen erzählen. Aber wie beginne ich nur?

Sex oder Liebe machen?

Es kommt eine Zeit, da fangen die Kinder an zu zweifeln, ob es den Osterhasen und den Weihnachtsmann wirklich gibt. Wir Eltern spüren dann, dass nun der richtige Zeitpunkt gekommen ist, ihnen die Wahrheit zu sagen. Sie im Zweifel zu lassen oder darauf zu setzen, dass sie es alleine herausfinden, ist in der Wackelzahn-Pubertät nicht sinnvoll, denn die Kinder haben ein Recht auf Wahrheiten, für die sie sich bereit fühlen.

Genauso ist es mit der Fortpflanzung. Konnten wir Fragen der Kleinkinder noch mit harmlosen Geschichten von Eltern, die im Bett kuscheln, beantworten, möchten die Kinder es in der Wackelzahn-Pubertät gerne genauer wissen. Die Kinder aufzuklären und ihnen zu erzählen, wie Babys entstehen, warum es dazu eine Frau und einen Mann geben muss und wieso es nicht reicht, nur ein bisschen zu kuscheln, fällt uns auch nicht immer leicht. Welche Begriffe verwenden wir? Sagen wir Scheide oder Vagina, Penis oder einen kindlichen Ausdruck für das männliche Geschlechtsteil, der aber schnell ein wenig lächerlich klingt? Wie stark gehen wir ins Detail, erklären wir Geschlechtsverkehr genau, sagen wir Liebe machen oder Sex haben? Wenn du dir auch diese Fragen stellst, könnte die richtige Literatur helfen.

Bücher als Hilfestellung

Falls du dir in Sachen Aufklärung für Kinder in der Wackelzahn-Pubertät unsicher bist, empfehle ich dir, ein geeignetes Kinderbuch zu besorgen. Ihr könnt es gemeinsam anschauen und auf diese Weise wird dir auch die Schwierigkeit genommen, Wörter zu finden und biologische Vorgänge richtig zu erklären. Außerdem mögen Kinder Bilder, und die Illustrationen erklären kindgerecht das Wesentliche.

Im Anhang des Buches findest du hierzu ein paar gute Buchtipps rund um das Thema Aufklärung.

Toleranz fördern

Übrigens empfehle ich dir sehr, deinem Kind zu sagen, dass es heute auch möglich ist, als gleichgeschlechtliches Paar Eltern zu werden. Außerdem kannst du erklären, was eine Adoption ist und dass Menschen auch Mama und Papa werden können, wenn das Kind nicht leiblich ist. So lernt dein Kind von Anfang an, Familie nicht nur als verheiratetes Ehepaar mit eigenen Kindern zu verstehen, sondern auch alternative Lebensformen als normal zu betrachten.

Über die eigene Geburt reden

Zusätzlich könnt ihr euch Bilder anschauen aus der Zeit, als ihr Eltern noch keine Kinder hattet oder euer Kind im Bauch war. Erzähl deinem Kind von seiner Geburt, wie schön und anstrengend das war und wie so eine Geburt funktioniert. So kann es die aus dem Buch gelernten Informationen mit seiner eigenen Geschichte vergleichen und dadurch noch besser verstehen.

Worte finden

Wie ihr die Geschlechtsteile benennt oder wie offen ihr in Sachen Aufklärung seid, entscheidet natürlich ihr Eltern. Generell finde ich, dass Kinder ein Recht darauf haben, dem Alter entsprechend aufgeklärt zu werden. Das passt im Wackelzahn-Pubertät-Alter auch deshalb gut, weil die Kinder dann in der Schule über die Grundlagen Bescheid wissen und nicht ausgelacht werden. Je offener Kinder in Bezug auf ihre eigene Sexualität erzogen werden, desto normaler kann sich ihr Verhältnis zum eigenen Körper entwickeln.

Heiraten und Familie

Wie gut, dass wir in einem relativ offenen Land leben. Erzähl deinem Kind, dass es normal ist, wenn sich Frauen in Frauen und Männer in Männer verlieben. Wir besprechen das Thema immer wieder, denn meine Kinder verkünden gerne, dass sie ihren besten Freund oder die Schwester heiraten werden. So kommen wir dann ins Gespräch darüber, was erlaubt ist und was nicht. Wie oft haben wir schon darüber gesprochen, dass direkt miteinander Verwandte nicht heiraten dürfen! So kamen wir zu der Frage, ob und warum man heiratet und was eine Familie ausmacht. Sei so offen wie möglich deinen Kindern gegenüber und mach ihnen in Zusammenhang mit dem Thema klar, wie sensibel Menschen in dieser Beziehung sind und dass man viele Wörter auch im negativen Sinn benutzen kann, um andere Menschen zu demütigen oder zu verletzen. Gerade in der Schule passiert es häufig, dass Kinder abwertend über gleichgeschlechtliche Liebe sprechen. Mein Sohn kam einmal nach Hause und berichtete, dass einige Kinder ihn und seinen Freund hänselten, weil sie sich umarmt haben. Wir haben dann in Ruhe darüber geredet, dass es völlig normal ist, wenn sich Freunde umarmen und es darüber hinaus ebenso in Ordnung ist, wenn sich ein Junge in einen anderen verliebt. Wenn du Toleranz an deine Kinder weitergibst und die Vielfalt der Menschen aufzeigst, wird es sich dir leichter öffnen, wenn es später in der Pubertät wichtige Fragen zur eigenen Sexualität hat.

„Es kribbelt so schön!“ – Sexualität bei Kindern

„Mama, wir haben heute im Kindergarten Arzt gespielt und uns alle gründlich untersucht“, erzählte die Tochter einer Freundin neulich beim Mittagessen. Meine Freundin war ein wenig beunruhigt und wollte gerne wissen, was die Kinder genau gemacht haben. Sie selbst erinnert sich an ausgedehnte Doktorspiele in ihrer Kindheit. Wir unterhielten uns danach, was wir als Eltern tolerieren und an welchen Stellen wir besser einschreiten.

Auch Kinder sind sexuelle Wesen, wenn auch nicht in dem gleichen Sinn wie wir Erwachsenen. Daher ist es auch nie zu früh, dass wir Eltern darauf eingehen. Es gehört von Anfang an dazu, dass sich unsere Kinder mit ihrem eigenen Körper beschäftigen und sich mit ihrem Geschlecht auseinandersetzen. Ziel ist es, den eigenen Körper anzunehmen, wie er ist und sich in ihm wohlzufühlen. In unserer Gesellschaft, in der das Äußere so wichtig erscheint und Kinder im Teenageralter laufend mit vermeintlichen Schönheitsidealen konfrontiert werden, ist es nie zu früh, ihnen eine normale Beziehung zu ihrem Körper zu ermöglichen.

Anfassen erlaubt?

Schon Babys und kleine Kinder beschäftigen sich mit ihrem Körper, fassen ihn an und lernen sich dadurch selbst kennen. Das sollten wir als Eltern nicht unterbinden, kommentieren oder verbieten. Kinder in der Wackelzahn-Pubertät machen das auch gerne und manchmal gerade dann, wenn ihnen danach ist. Andere Kinder sind zurückhaltender und entwickeln schon früh ein Schamgefühl.

Hier ist es gut, den Kindern zu erklären, dass es grundsätzlich völlig in Ordnung ist, den eigenen Körper zu erkunden. Er gehört ihnen selbst und sie dürfen ihn auch anfassen. Allerdings ist es nun an der Zeit, die Kinder auf unsere gesellschaftlichen Normen hinzuweisen. Sich selbst in Gegenwart anderer an intimen Stellen zu berühren ist unangemessen, das sollten auch Kinder wissen. Darüber hinaus sensibilisieren wir sie dafür, dass das auch Erwachsene nicht vor ihnen machen dürfen, und fördern so den Schutz vor sexueller Gewalt.

Du kannst deinen Kindern erklären, dass sie sich selbst berühren dürfen, wenn sie alleine sind, zum Beispiel abends im Bett. Am besten du sprichst ganz sachlich darüber und machst dich nicht lustig, denn sonst würde sich dein Kind sicher schämen, und genau das ist ja der falsche Weg. Es ist hilfreich, wenn Kinder von klein auf eine gute Beziehung zu ihrem Körper haben, ihn kennenlernen möchten und keine Scheu vor sich selbst haben.

Intimsphäre wahren

Sinnvoll ist es auch, dem Kind dabei deutlich zu machen, dass keine andere Person es an intimen Stellen anfassen darf. Ausnahme sind Ärzte, denn der Kinderarzt oder die Kinderärztin kontrolliert zum Beispiel bei manchen Untersuchungen die Hoden der Jungen. Allerdings sind wir Eltern in diesem Fall dabei und passen auf das Kind auf. Es soll also wissen, dass es für alle anderen Erwachsenen verboten ist, sie an ihrem Geschlecht zu berühren.

Wir Eltern sind Kindern mit fünf oder sechs Jahren oft noch beim Waschen und Duschen behilflich, aber es ist nun auch die richtige Zeit, den Kindern bei der Körperhygiene Selbstständigkeit zuzugestehen. Zeig ihnen, wie sie sich im Intimbereich waschen können und lass es sie selbst machen. So zeigst du ihnen, dass du als Mutter oder Vater ihre Intimsphäre respektierst und ihnen zutraust, sich selbst um sich zu kümmern.

Doktorspiele

Wenn die Kinder im Vorschul- oder Grundschulalter miteinander spielen, interessieren sie sich füreinander. Sie spielen Arzt und untersuchen sich gegenseitig, es kann sogar vorkommen, dass sie sich dazu ausziehen. Erklär deinem Kind, wenn du mit ihm darüber redest, dass dazu niemals ein Kind gezwungen werden darf.

Viele Geschwister baden gemeinsam und interessieren sich dann füreinander und für ihre Körper. Weise deine Kinder darauf hin, dass es verboten ist, sich beim Spielen Finger oder Gegenstände in Körperöffnungen zu stecken. Das kann sowohl zu körperlichen als auch zu seelischen Verletzungen führen und ist für alle Kinder tabu.

Kein Unterschied zwischen den Geschlechtern

Auch wenn es uns Erwachsenen manchmal schwerfällt, über Intimes zu sprechen: Beantworte alle Fragen ernsthaft, verwende im Wackelzahn-Pubertät-Alter möglichst normale Begriffe für die Geschlechtsteile und mache auch keine Unterschiede zwischen Jungen und Mädchen. Den Körper zu erkunden ist bei Mädchen genauso normal wie bei Jungen und keineswegs anstößig. In unserer Gesellschaft wird Frauen oft Zurückhaltung in Sachen Sexualität ans Herz gelegt und das männliche Verlangen eher toleriert als das weibliche. Damit unsere Kinder gleichberechtigt aufwachsen, ist es vor allem für die Mädchen wichtig, der eigenen Sexualität offen gegenüber zu sein und sie als etwas Normales und Natürliches anzunehmen.

„Nein, ich will das nicht!“ – Kinder vor sexueller Gewalt schützen

Für uns ist es kaum vorstellbar, dass es sexuelle Gewalt gegen Kinder gibt. Aber es ist eine Tatsache, dass sie Opfer von älteren Jugendlichen oder Erwachsenen werden können, die ihre Grenzen missachten und sie missbrauchen. Ich möchte meine Kinder auf jeden Fall sensibilisieren, sie stark machen und sie gleichzeitig nicht unnötig verängstigen. Wie gehe ich da am besten vor?

Dieses Thema ist genauso schwierig wie wichtig und geht uns Eltern eine Menge an. Wir sind für unsere Kinder verantwortlich und daher sind es auch wir, die sie vor sexueller Gewalt schützen müssen. Vielleicht fühlst du dich selbst sehr unsicher, was das Thema betrifft? Was können wir konkret tun, um unsere Kinder zu schützen?

Kinder stark sein lassen

Der erste Schritt ist sicherlich schon gemacht. Denn wenn ihr als Eltern eurem Kind Geborgenheit und Selbstvertrauen gebt, ihm das Gefühl vermittelt, dass es mit all seinen Sorgen zu euch kommen kann und seine kindlichen Bedürfnisse erfüllt sind, dann stärkt ihr es so in seiner Selbstwahrnehmung. Starke Kinder können Grenzen aufzeigen und sagen, wenn sie etwas nicht möchten. Das ist übrigens auch ein guter Grund, Kinder nie zu etwas zu zwingen, sei es etwas zu essen oder bestimmte Kleidung zu tragen.

Über Missbrauch sprechen

Im zweiten Schritt ist es die Aufgabe der Eltern, Kinder über Sexualität und sexuellen Missbrauch aufzuklären. Wie Ersteres klappt, habe ich in diesem Kapitel schon beschrieben. Dazu gehört auch, dem Kind zu erklären, dass es Menschen gibt, die das Vertrauen von Kindern ausnutzen, mit ihnen kuscheln und sie an intimen Stellen streicheln wollen. Manchmal zeigen diese Menschen eklige Bilder oder fassen sich selbst an. Sag deinem Kind, dass das alles verboten ist und kein Erwachsener das mit ihnen machen darf. Erzähl ihm auch davon, dass Täter oder Täterinnen aus dem Missbrauch ein Geheimnis machen wollen. Kinder dürfen zwar Geheimnisse haben, zum Beispiel mit dem besten Freund oder der besten Freundin, aber wenn Erwachsene Berührungen, Kuscheln oder andere intime Dinge verheimlichen wollen, ist das falsch. Sag deinem Kind, dass es dir von so einem „schlechtes Geheimnis" immer sofort erzählen darf, auch wenn es von dem Erwachsenen gebeten wird, es für sich zu behalten.

Das Wichtigste ist, mit den Kindern zu sprechen und sie aufzuklären. Wenn wir schweigen und die Gefahr des sexuellen Missbrauchs ignorieren, werden vielleicht später unsere Kinder schweigen, wenn ihnen etwas passiert. Daher möchte ich dir Mut machen, dein Kind in seiner psychosexuellen Entwicklung zu begleiten, es aufzuklären und mit ihm über Risiken im Alltag zu sprechen. Übt dabei ein, die eigenen Grenzen zu schützen und auch die der anderen zu respektieren.

Weitere Infos zum Thema

Sexuelle Übergriffe auf Kinder passieren übrigens meistens im nahen sozialen Umfeld oder in der eigenen Familie. Die Täter sind oft keine Fremden, sondern den Opfern bekannt. Ein Drittel von ihnen sind unter 21 Jahren, das bedeutet, Missbrauch kann auch von einem älteren Mitschüler oder einem jungen Erwachsenen ausgehen. Außerdem gibt es Frauen, die Kinder sexuell missbrauchen. Der Anteil liegt aber nur bei 10 Prozent, wie die Bundeszentrale für gesundheitliche Aufklärung auf ihrer Internetseite berichtet. Auch das Internet kann ein Tatort sein. Aus diesem Grund ist es wichtig, mit Kindern die ersten Schritte im Netz gemeinsam zu machen. Mehr dazu findest du im

Kapitel → „Medienmäuse: Umgang mit Handy, Internet und Konsolen". Viele weitere Infos darüber, wie du deine Kinder vor sexuellem Missbrauch schützen kannst, gibt es in den kostenlosen Broschüren der Bundeszentrale für gesundheitliche Aufklärung. Den Link, unter dem du die Broschüre bestellen kannst, findest du im Anhang (→ unter „Internetseiten für Eltern").

TIPP FÜR DEN ALLTAG

Probier immer mal wieder mit einem Kind aus, laut und deutlich „Nein" zu sagen. Stellt euch gemeinsam auf einer Linie auf, streckt den rechten Arm und die Handfläche aus und ruft laut auf 1-2-3 „Nein" oder „Stopp". Das kann Kindern in vielen Situationen helfen.

DIE ERSTEN SCHRITTE ALLEINE

Ein Nest schenken und Flügel verleihen, eigentlich fasst das unsere Aufgaben als Eltern perfekt zusammen. So wichtig für Kinder ein geborgenes Zuhause ist, so notwendig ist es, dass sie selbstständig werden dürfen. Das Tempo ist dabei nicht entscheidend, sondern die richtige Begleitung durch uns. Manche Kinder brauchen ganz viel Zuspruch bei den ersten Schritten, manche sind kaum zu bremsen. Wie wir ihnen Mut zusprechen und sie fit machen können für die Welt da draußen, das verrate ich dir in diesem Kapitel. Dabei geht es auch darum, sensiblen Kindern Zeit und Vertrauen zu schenken und als Eltern die Fähigkeit zu entwickeln, selbst loslassen zu können. In der Wackelzahn-Pubertät dreht sich ganz viel um den Zwiespalt zwischen den ersten Schritten raus aus dem Nest und der notwenigen Sicherheit, jederzeit auch wieder zu Hause landen zu dürfen.

„Ich kann das ohne dich!“ – Herausforderungen für Eltern und Kind

Ich sitze zu Hause und warte. Schon zwanzig Minuten sind Jimmy und Luise weg, eigentlich müssten sie längst zurück sein vom Brötchenholen. Wie lange soll ich warten, bis ich ihnen entgegengehe? War es eine gute Idee, sie alleine loszuschicken? Hoffentlich haben sie gut geschaut, als sie über die Straße gingen! Da höre ich sie schon von Weitem lachen. Gut gelaunt kommen sie zur Tür herein, die Augen strahlen vor Stolz. „Mama, wir haben für alle Schoko-Croissants gekauft“, ruft Jimmy, und zieht sich seine Schuhe aus.

Wackelzahn-Rebellen und -Rebellinnen brauchen einen Ort, an dem sie Kind und manchmal auch ein ganz kleines Kind sein dürfen. Sie möchten umsorgt werden und wollen, dass wir Eltern ihnen zuhören und ihnen Aufmerksamkeit schenken. So, wie sie diesen Ort der Geborgenheit brauchen, so dringend brauchen sie auch Flügel, um zu fliegen und die Welt zu erkunden.

Oft ist in den Medien von Helikopter-Eltern die Rede, und Mütter und Väter, denen es schwerfällt, ihre Kinder loszulassen, stehen in der Kritik. Die Definition, ab wann Eltern ihre Kinder zu sehr umsorgen, ist subjektiv und die Diskussionen darüber sind wenig zielführend. Daher finde ich, dass wir wegmüssen von diesem Begriff. Wichtig ist mir aber zu betonen, dass eine unverhältnismäßig große Angst der Eltern um ihre Kinder dazu führt, dass diese nicht selbstständig werden können. Ich beobachte Eltern, die ihre Kinder in unserem Dorf über die gesamte Grundschulzeit hinweg in die Schule begleiten, obwohl lediglich zwei Straßen im Wohngebiet überquert werden müssen. Oft tragen sie dabei auch noch die Schultasche des Kindes. Eltern, die den Kindern den Ranzen abnehmen, sind sich vielleicht nicht bewusst, dass Kinder ihre Last und auch die Verantwortung für sich selbst tragen lernen müssen.

Der Schulranzen auf dem Rücken der Eltern ist ein ganz passendes Bild dafür, dass manche Menschen ihren Kindern viel zu viel abnehmen und sie damit unmündig machen. An manchen Schulen müssen Uhren mit Ortungs-Apps erst von der Schulleitung mit dem Hinweis auf die Privatsphäre der Kinder verboten werden, weil die Eltern ihre Söhne und Töchter jederzeit online „verfolgen“. Beim Fußballtraining auf dem Sportplatz stehen Väter und Mütter an der Bande und schauen ihren Sprösslingen beim Training zu, manche mischen sich sogar ein, feuern ihre Kinder an oder kritisieren sie. Nirgendwo haben diese Kinder Ruhe vor ihren Eltern, dabei ist das so wichtig in der Wackelzahn-Pubertät.

„Das schaffst du schon!" – Zur Selbstständigkeit ermutigen

Im Alter zwischen fünf und zehn Jahren passiert im Leben der Kinder so viel und es ist klar, dass sie uns Eltern, ihre engsten Vertrauten, dringend brauchen. Genauso dringend brauchen sie es, dass wir ihnen Mut machen, die ersten Schritte alleine zu gehen. Es gibt schüchterne Kinder, denen das am Anfang sehr schwerfällt. Gerade sie brauchen eine Mama und einen Papa, die hinter ihnen stehen und ihnen sagen: „Du schaffst das schon!" Bestätigen wir sie aber in ihrer Sorge, weil wir uns selbst Sorgen machen, ist es ihnen kaum möglich, Mut zu fassen. Woher sollen sie den auch nehmen, wenn sie so stark spüren, dass Mama und Papa Angst haben. Falls du dir sehr viele Sorgen um dein Kind machst und dir oft vorstellst, wie ihm etwas zustoßen könnte, möchte ich dich als Erstes ermutigen, dich mit deiner eigenen Angst auseinanderzusetzen. Es ist für die Kinder eine Last, die sie ihr Leben lang mit sich herumtragen, wenn wir Eltern überbesorgt sind und das auch nicht verstecken können. So wie die Kinder ganz automatisch unsere Wertvorstellungen, unsere Manieren und unsere Sicht auf die Welt übernehmen, so übernehmen sie auch unsere Ängste.

Kindern die soziale Kompetenz zusprechen

Sicher ist es uns Eltern nicht bewusst und wir meinen es gut, aber jedes Mal, wenn wir unseren Kindern Aufgaben abnehmen, die sie schon alleine meistern können, sagen wir ihnen damit: „Ich traue dir das nicht zu.“ Eltern, die ihre Kinder einen ungefährlichen Schulweg langfristig nicht alleine gehen lassen, senden die Botschaft aus, dass sie ihr Kind nicht in der Lage sehen, eine Straße zu überqueren. Eltern, die ihre Kinder mit einer Ortungs-App verfolgen, sagen ihnen durch die Blume, dass sie ihnen nicht vertrauen oder die Welt voller böser Menschen ist, die Kinder kidnappen möchten. Kinder, die ihren Ranzen nicht alleine tragen, fühlen, dass Mama und Papa sie nicht für stark genug halten, diese Last bewältigen zu können.

In all unseren Worten und Taten steckt eine Botschaft für das Kind, und es wird sich schneller, als wir glauben, durch unsere Augen sehen. Kinder erleben sich selbst als stark, wenn sie etwas bewirken können, ihre eigene Kraft einsetzen dürfen und für sich selbst und andere Verantwortung übernehmen. Daher ist es so wichtig, dass wir Eltern uns ab und zu zurücknehmen und den Kindern nicht alles abnehmen. Das ist nicht immer leicht, ich weiß. Lange Zeit waren sie klein und hilflos, haben auch als Kleinkinder immer noch unsere Hand und unsere Hilfe gebraucht. Nun wird es Zeit für sie, diese Hand langsam loszulassen und die ersten Schritte alleine zu gehen. Wenn sich unser eigenes Leben nur um die Kinder dreht, hilft ihnen das am allerwenigsten. Unsere Kinder als sozial kompetent wahrzunehmen und ihre Stärke und Kraft anzuerkennen ist für uns ebenso wichtig wie für sie. Kinder können sehr genau deuten, was sich in unseren Augen spiegelt, und unser Blick auf unsere Kinder ist das, was für sie zählt.

Selbstwirksamkeit spüren

Machen wir Kindern mit unseren eigenen Sorgen Angst und stellen wir ihnen die Welt um sie herum als gefährlich vor, werden ihnen keine Flügel wachsen. Sehen wir unser Umfeld positiv, bewerten Gefahren objektiv, machen wir unseren Kindern Mut und schenken wir ihnen Vertrauen, werden sie irgendwann die Flügel ausbreiten und losfliegen. Unsere Kinder sind nicht unser Eigentum, sie gehören sich selbst. Nichts macht unsere Kinder in der Wackelzahn-Pubertät stolzer, als sich als selbstwirksam zu erleben und einen mutigen Schritt geschafft zu haben. Das Seepferdchen machen, das erste Mal alleine Brötchen holen gehen, selbstständig ein Buch in der Bücherei ausleihen oder alleine Spaghetti kochen – das sind Erlebnisse, die sich positiv einprägen und Erfolgsfaktoren sind für ein gesundes Selbstbewusstsein.

Gib deinem Kind die Chance, diese Erfolge zu spüren. Wie gut tut es, wenn du es als mutig und verantwortungsbewusst, als vorausschauend denkend, als selbstständig und kraftvoll wahrnimmst. Ermutige dein Kind jeden Tag, ein kleines Stück selbstständiger zu werden und biete ihm dabei Hilfe an, wann immer es diese braucht. Es ist nicht unsere Aufgabe, den Schulranzen abzunehmen. Wir sind da, um ihnen den Rücken zu stärken, ein paar schwere Bücher rauszunehmen und ihnen so zu zeigen, wie sie ihr Gepäck alleine tragen können.

„Ich geh den Weg alleine" – Was das Kind schon selbst kann

Auf dem Schulweg hat Jimmy schon viel erlebt: Er hat sich einmal im Wohngebiet verlaufen, sich mit Mitschülern gestritten, mit dem besten Freund Mädchen geärgert oder einen Schatz gefunden. Meist kommt er vergnügt zu Hause an und oft verspätet er sich. Manchmal warte ich mit klopfendem Herz auf seine Ankunft, ab und zu bin ich ihm schon entgegengelaufen. Für uns beide ist das eine gute Übung: für mich im Loslassen und für Jimmy, um Verantwortung für sich selbst zu übernehmen.

Sicher im Straßenverkehr

Damit dein Kind die ersten Schritte alleine unternehmen kann, solltest du es natürlich gut vorbereiten. Wichtig ist dabei vor allem die Verkehrssicherheit. Vermutlich bist du oft mit deinem Kind gemeinsam unterwegs. Wenn ihr eine Straße überqueren wollt, dann nimm ihm das Links-rechts-links-Schauen nicht ab, sondern lass es das immer selbst tun. Wenn es vergisst zu überprüfen, ob ein Auto kommt, weise es noch einmal darauf hin, sodass es ihm ins Blut übergeht. Erkläre ihm, dass es auf Radfahrer achtgeben muss, und wie es sich an einem Zebrastreifen oder an einer Ampel richtig verhält. Dass es achtsam sein und stehen bleiben muss, wenn es eine Sirene hört oder wie es sicher über die Straße geht, wenn Autos die Sicht versperren. Seid ihr viel mit den öffentlichen Verkehrsmitteln unterwegs, erkläre ihm auch hier das richtige Verhalten und achte darauf, dass es immer aufmerksam bleibt und sich nicht auf dich verlässt. Wenn ihr das oft übt, wird es selbst immer sicherer. Nun könnt ihr gemeinsam spielen, dass dein Kind dich durch den Verkehr führt und du kannst ein wenig beobachten, wie gut es das schon kann. Im nächsten Schritt könnte es ein Stück vorauslaufen. Um für den Schulweg zu üben, könnt ihr bereits im Vorschulalter ab und zu an der Schule vorbeigehen und euch die Verkehrslage ansehen.

Notfall-Pläne schmieden

Zusätzlich kannst du deinem Kind immer mal wieder erklären, wo es Hilfe holen kann, wenn es alleine unterwegs sein sollte und sich verlaufen hat oder in Not ist. Bei welcher Nachbarin kann es klingeln, in welches Geschäft könnte es gehen? Am besten, es hat immer einen Brustbeutel dabei, in dem sich eure Telefonnummer und etwas Geld befinden, wenn es alleine unterwegs ist. Es gibt übrigens auch Armbändchen, in die man eine Handynummer eingravieren lassen kann. Außerdem könntet ihr regelmäßig eure Anschrift üben, sodass dein

Kind seinen und euren vollen Namen sowie eure Adresse auswendig weiß. Eine Armbanduhr ist ein sehr sinnvolles Geschenk zum Schulanfang. Dein Kind wird bald lernen, die Uhr zu lesen und ihr könnt dann Zeiten vereinbaren, zu denen es wieder zu Hause sein muss.

Der erste Ausflug

Wann dein Kind das erste Mal alleine unterwegs ist, ist sehr individuell. Manche Kinder freuen sich wie verrückt darauf, andere möchten das eher noch nicht. Wer sich nicht traut, der kann immer mal wieder ein Stück vorauslaufen oder nur bis zu einem bestimmten Punkt gehen. Du brauchst dein Kind auch nicht dazu zu drängen, sondern sagst ihm einfach, dass ihr weiterhin übt und es dir dann Bescheid geben soll, wenn es genug Mut gefasst hat. Zum Üben eignet sich ein kurzer und bekannter Weg, zum Beispiel zum Bäcker um die Ecke. Super ist es, wenn das Kind das kleine Abenteuer gemeinsam mit Geschwistern oder Freunden in Angriff nimmt. Bricht es ab und kommt zurück, weil etwas schiefgegangen ist, macht das nichts. „Ist doch gar nicht schlimm. Dann klappt es bestimmt beim nächsten Mal!“ So kannst du es bestärken, es bald wieder zu probieren.

Der Schulweg

Den Schulweg ohne die Eltern zu gehen birgt so viel Freude und Spaß. Hier werden Kontakte und Freundschaften geknüpft, kleine Streiche gespielt und Abenteuer erlebt. Die Kinder tauschen Wochenendberichte und Sammelkarten aus und lernen, sich auch mal zur Wehr zu setzen oder Streitereien auszutragen. Der Schulweg ist also viel mehr als nur ein Weg. Hier können sich die Kinder vor allem bewegen und Luft schnappen, bevor sie lange Zeit auf ihrem Stuhl sitzen müssen. Das brauchen sie dringend, um sich später auch konzentrieren zu können. Auf dem Schulweg dürfen sie unter sich sein und ihren Platz zwischen anderen Kindern finden, denn nirgendwo lernen sie soziales Verhalten so gut wie an Orten, an denen sie unter sich sind. Diese Chance dürfen wir ihnen keinesfalls verwehren. Ist es für dein Kind also machbar, den Schulweg zu Fuß zu gehen, verzichte unbedingt darauf, es mit dem Auto zu fahren. Am besten sind natürlich Kindergruppen, die gemeinsam laufen. Lass es Schritt für Schritt alleine gehen, beginn mit Abschnitten und steigert euch dann stückweise. Mag es deine Hand zu Beginn nicht loslassen, sei für es da und ermutige es immer mal wieder. Irgendwann kommt der Tag, an dem es klappt.

Ist der Schulweg lang oder gibt es viele gefährliche Stellen, sodass die Kinder besonders am Anfang besser nicht alleine laufen sollen, so bildet Laufgruppen, die abwechselnd von verschiedenen Eltern begleitet werden. Das Gleiche gilt für Fahrten mit den öffentlichen Verkehrsmitteln. Musst du das Kind unweigerlich mit dem Auto bringen, so lass es nicht direkt an der Schule aussteigen. Die vielen Autos parkender Eltern bringen andere Kinder auf ihrem Weg in die Schule unnötig in Gefahr. Grundschulkinder sind noch kleiner und haben einen ganz anderen Wahrnehmungsradius als Erwachsene. Selbst eine Rückfahrkamera wiegt nur in trügerischer Sicherheit und schnell wird ein laufendes Kind übersehen. Je weniger Autos rund um eine Grundschule unterwegs sind, desto sicherer ist es für alle Kinder. Lass dein Kind lieber ein kleines Stück entfernt aussteigen, so hat es die Möglichkeit, sich die letzten paar Meter noch einer Schülergruppe anzuschließen.

„Trau ich mich?“ – Übernachten ohne Mama und Papa

Meine Tochter kommt strahlend nach Hause. Kurz vor ihrer Einschulung durfte sie mit ihren Freunden und der Erzieherin im Kindergarten unter freiem Himmel schlafen. Etwas später erzählt sie mir, dass sie nachts eine Zeit lang alleine wach war und sich gefürchtet hat. Sie kam auf die Idee, sich in ihren Schlafsack zu verkriechen und ihre Taschenlampe anzumachen. Dass sie diese Situation bewältigt hat, hat sie sichtlich stärker gemacht.

Manche Kinder schlafen von Anfang an gerne bei ihren Großeltern, für andere ist es eine riesige Herausforderung, die erste Nacht ohne Mama und Papa zu verbringen. Ich kann dir nur raten, es mit deinem Kind in der Wackelzahn-Pubertät langsam auszuprobieren oder zu üben. Irgendwann kommt der Tag, an dem es eine Lesenacht in der Schule oder eine Übernachtungsparty bei Freunden gibt, und was gibt es Schöneres, als gemeinsam die Köpfe unter die Decke zu stecken. Andererseits kann Heimweh schlimm sein und manchmal auch erst später auftauchen, wenn dein Kind im Grundschulalter ist.

Erster Test mit Sicherheitsnetz

Ist dein Kind nicht darin geübt, ohne euch zu schlafen, dann könntet ihr es mal probeweise und mit einem Notfallplan probieren. Wohnen gute Freunde deines Kindes oder Großeltern in der Nähe? Perfekt, dann kannst du dein Kind abholen, wenn es schmerzhaftes Heimweh bekommt und abends oder nachts wieder nach Hause will. Vielleicht findet es aber auch großen Gefallen daran und vermisst euch nicht. Kinder sind in dieser Beziehung sehr unterschiedlich, aber vor allem ist es gut, sich ohne Druck und Zwang an Nächte ohne Mama und Papa zu gewöhnen, auch für den Fall, dass einer von euch mal ins Krankenhaus muss oder ein Notfall eintritt. Das Kind lernt dann möglicherweise sogar, dass Heimweh überbrückbar ist mit Ablenkung wie einem warmen Kakao von der Oma oder einem schönen Filmabend mit Popcorn.

TIPP FÜR DEN ALLTAG

Bevor dein Kind woanders übernachtet, packt zusammen eine kleine Heimweh-Notfallbox mit einem Kuscheltier, einem kleinen LED-Teelicht, einer Taschenlampe, einem Tröstekissen oder einem schönen Bild von euch allen.

Heimweh-Sorgen

Mach dir keinen Kopf, wenn dein Kind auf einmal und völlig unerwartet keine Nacht mehr ohne dich sein möchte. Wenn Kinder große Entwicklungsschritte machen oder Herausforderungen bewältigen müssen, brauchen sie die Eltern oft wieder ganz dringend und ganz nah. Es ist nicht schlimm, wenn manche Reaktionen wie ein Rückschritt erscheinen. Vielleicht erinnerst du dich noch an die Kleinkindzeit: Hier fielen die Kinder manchmal scheinbar wieder zurück in alte Verhaltensmuster und meist lag der Grund darin, dass Entwicklungsschritte bevorstanden oder bewältigt wurden, die die Kinder viel Kraft kosteten. So verhält es sich auch manchmal in der Wackelzahn-Pubertät. Wenn die Kinder dann spüren, dass sie diese notwendige Nähe zu den Eltern ausleben und bei ihnen sein dürfen, gibt das genug Power, um alles Weitere zu meistern.

Ich selbst war zwar schon von klein auf bei meiner Oma, bekam aber mit sieben Jahren auf einmal schrecklich Heimweh und wollte gar nicht mehr von zu Hause weg. Kinder brauchen dann ganz viel Zuspruch, Ermutigung und das Gefühl, auf die Eltern zählen zu können. Mit diesem guten Gefühl schaffen sie es dann, über sich hinauszuwachsen.

„Mama, bleibst du bei mir?" – Sensible Kinder sicher begleiten

Die siebenjährige Tochter meiner Freundin traute sich nicht, alleine zu einem Kindergeburtstag zu gehen. Das brachte meine Freundin in einen Konflikt, denn sie wollte sie nicht zwingen, hatte aber auch Bedenken, dass das Mädchen sonst den Anschluss an die Clique verliert. Zum Glück konnte sie mit der Mutter des Geburtstagskindes sprechen und die hatte Verständnis. Meine Freundin blieb einfach zum Kuchenessen da und setzte sich nachmittags mit einem Buch in den Garten der Familie. Ein Jahr später war das alles kein Thema mehr und die Tochter konnte nicht genug von Geburtstagspartys bekommen – natürlich ganz ohne Mama.

Meiner Erfahrung nach kommen die Kinder mit bestimmten Eigenschaften auf die Welt. Hast du ein von Grund auf mutiges Kind, das sich viel traut, liegt das nicht unbedingt daran, dass ihr Eltern besonders furchtlos seid. Genauso ist es bei sehr schüchternen Kindern. Wenn dein Kind also eher vorsichtig ist, braucht es vielleicht besonders viel Nestwärme und mehr Zeit als andere. Der Drang, selbstständig zu werden und unser Leben in die Hand zu nehmen, ist in uns Menschen programmiert. Die Kinder tragen alles in sich, was sie zum Leben brauchen, und auch ein sehr schüchternes Kind möchte groß werden und Erfahrungen machen – nur dauert es bei ihm eben etwas länger. Neue Situationen, neue Erfahrungen, fremde Menschen – all das macht ihm zunächst einmal Angst. Auch unter uns Erwachsenen gibt es schließlich viele, die mit einem neuen Job oder einem Umzug in eine fremde Stadt erst einmal überfordert sind.

Vielleicht weißt du von deinem Kind auch, dass es Pausen braucht, einen Rückzugsort oder viel Ruhe zum Entspannen. Für ein sensibles Kind ist der Abschied vom Kindergarten und der Schulanfang vielleicht eine sehr unangenehme Situation, weil es das bevorstehende Ereignis nicht einordnen kann. Was es jetzt braucht, ist Geduld. Schau nicht nach anderen Kindern, die sich im Kindergarten auf die Schule freuen, während dein Kind am liebsten niemals dort hingehen möchte. Es ist auch in Ordnung, wenn es Probleme hat, ohne dich den Schulweg zu laufen oder alleine zu Kindergeburtstagseinladungen zu gehen. Biete ihm an, dass ihr Eltern es so lange unterstützt, wie es euch braucht. Geht langsame Schritte und hab ganz viel Vertrauen darauf, dass auch dein schüchternes Kind die Welt erobern wird.

„Ich habe Angst um dich!" – Wenn Eltern das Loslassen schwerfällt

Luise und Jimmy waren letztes Jahr eine Woche lang mit den Großeltern im Urlaub. Ich habe die Zeit sehr genossen, denn wir hatten mit einem Kind viel weniger zu tun als mit drei Kindern, aber ich habe die beiden auch sehr vermisst. Wie schön war es, als sie wieder da waren! Jimmy und Luise waren braun gebrannt, hatten beide das Seepferdchen gemacht und wollten schon den Urlaub für den nächsten Sommer buchen.

Sicherlich kennst du auch den furchtbaren Schmerz des Vermissens. Sind die Kinder weg, haben wir zwar endlich mal Ruhe und Zeit für uns selbst, aber schon bald fehlen sie uns so, dass es richtig wehtun kann. Kinder lösen in uns solche starken Gefühle aus, die wir zuvor nie kannten. Ein Leben ohne unsere Kinder ist unvorstellbar, kein Wunder, dass wir oft große Angst um sie haben. Ich liege manchmal abends wach im Bett und in mir geistert der Gedanke herum, wie es wäre, würde einem meiner Kinder etwas passieren. Die Vorstellung ist so schrecklich, dass mir der Atem stockt. Deshalb lenke ich mich schnell ab, denn sonst käme ich gar nicht zum Schlafen. Wer viel hat, hat auch viel zu verlieren – nie trifft dieser Spruch stärker zu als in diesem Fall. Dennoch dürfen wir uns von dieser Angst, den Kindern könnte etwas zustoßen, nicht lähmen lassen.

Es tut Eltern gut, sich mit den eigenen Ängsten auseinanderzusetzen, sich ihnen zu stellen oder an ihnen zu arbeiten. Wenn wir unsere Kinder in Watte packen, sie laufend vor lauernden Gefahren schützen möchten, ihnen nichts zutrauen, weil sie scheitern könnten und wir uns stellvertretend darum sorgen, möchten wir eigentlich unsere eigene Angst um sie im Zaum halten oder uns selbst vor dem Verlust der Kinder schützen. Unsere Kinder haben aber ein Recht auf Erfahrungen, sie haben ein Recht darauf, Fehler zu machen und ihren Weg zu gehen. Der Arzt, Schriftsteller und Erziehungswissenschaftler Janusz Korczak predigte Achtung vor dem Kind und eine Erziehung im Dialog. Er formulierte drei Rechte der Kinder: das Recht, so sein zu dürfen, wie sie sind, das Recht auf den heutigen Tag und das Recht auf den eigenen Tod. Letzteres klingt für uns schrecklich, aber er hat mit seiner irritierenden Forderung recht. Aus Angst davor, unseren Kindern könnte etwas passieren, entziehen wir sie dem Leben, und das ist falsch. Überbehütung der Eltern steht diesem Recht unserer Kinder im Weg.

So wie unsere Kinder üben müssen, sich in ihrem Wackelzahn-Alltag zurechtzufinden, den Übergang vom Kindergarten in die Schule zu schaffen, Freunde zu finden und mit den Lehrern zurechtzukommen, so müssen wir das Loslassen lernen. Wie gut, dass wir noch ziemlich viel Zeit haben, bis sie ausziehen werden. Aber sie fahren mit den Großeltern in den Urlaub, ins Zeltlager oder auf Klassenfahrt. Sie bleiben ein bisschen zu lange auf dem Spielplatz oder trödeln auf dem Nachhauseweg. Sollten dich deine Ängste fest im Griff haben, so hol dir Hilfe. Sprich mit Freunden, deinem Partner oder deiner Partnerin darüber oder frag mal beim Hausarzt nach. Das mag manchmal ein schwerer Schritt sein, ist aber mutig und richtig.

ATEMPAUSE FÜR ELTERN

In der Wackelzahn-Pubertät haben die Kinder Lust, Zeit mit ihren gleichaltrigen Freunden zu verbringen, und auf einmal haben Eltern wieder etwas mehr Zeit für sich. Sieh das als Chance für dich selbst. Lies in Ruhe ein Buch, finde ein neues Hobby, verabrede dich ebenfalls. Vieles ging nicht, als die Kinder klein waren. Nun ist es an der Zeit, sich wieder mehr um sich selbst zu kümmern.

Knifflige Frage: Hilfe, mein Kind wünscht sich eine Überwachungsuhr

„Mama, ich möchte auch so eine Smartwatch wie Finn." Wenn sich dein Kind mit so einem Wunsch an dich richtet, solltest du gut überlegen. Unter Grundschulkindern ist es ein beliebter Trend, so eine raffinierte Uhr zu besitzen. Vielen Eltern kommt es ganz gelegen, dass die Uhr nicht nur einen Wecker, einen Bewegungssensor oder eine Kamera hat, sondern meist auch mit einer App geortet werden kann. So wissen sie jederzeit, wo sich ihr Kind befindet.

An vielen Schulen wurden sie bereits verboten, denn die Uhren lenken ab, piepsen und können sogar Stimmen aufnehmen. Verboten werden sie aber auch deshalb, weil Kinder ein Recht auf Privatsphäre haben (→ Experteninterview: „Kinderrechte und wie wir sie schützen" im Kapitel „Bärenstark und selbstbewusst"). Damit sich Eltern auf ihre Kinder verlassen können, müssen sie ihnen auch das wichtige Gefühl geben, dass sie ihnen vertrauen. Eine Uhr, die von Eltern getrackt wird, hat nicht viel mit Vertrauen zu tun.

Auch wenn Kinder diese Uhr unbedingt wollen, so ist es doch eigentlich eine Art Fußfessel. Kommen die Kinder mal ein wenig zu spät, prüfen Eltern auf dem Handy, wo sich das Kind befindet. Vielleicht tun sie es auch nicht unbedingt aus Notwendigkeit, sondern aus Neugier. So geht aber die Freiheit eines Kindes verloren. Es gehört zu einer normalen Kindheit dazu, ab einem gewissen Alter auch mal alleine unterwegs zu sein. Kommt ein Kind zu spät und machen sich die Eltern deshalb Sorgen, lernt es nur, verlässlich zu sein, wenn hinterher darüber gesprochen wird und die Eltern erklären, wieso es pünktlich sein muss.

Darüber hinaus sind Kinder heutzutage ab dem Teenie-Alter per Smartphone überall erreichbar. Lassen wir Kinder in der Wackelzahn-Pubertät damit noch eine Weile in Ruhe. Pünktlich zu sein lernen sie mit einer ganz normalen Uhr und auch gewöhnliche Digitaluhren verfügen über eine Wecker-Funktion, mit denen sich die Kinder selbst daran erinnern können, nach Hause zu gehen.

VORSCHUL- UND GRUNDSCHULZEIT

Im letzten Kindergartenjahr freuen sich die Kinder meist auf den Schulstart, haben aber auch Respekt vor dem, was da kommt. Eltern hingegen machen sich viele Gedanken über die Schulreife ihrer Kinder. Dazu gibt es einige Leitlinien und Übungen von Experten, die ich dir hier vorstelle. Mit der Einschulung ändert sich für Familien eine ganze Menge! Wie kleinere Hürden zu meistern sind, erfährst du im Laufe des Kapitels. Ich habe eine Lehrerin zum Thema „Probleme mit den Hausaufgaben" interviewt, und du bekommst Tipps gegen das Chaos in Mäppchen und Ranzen. Auch das erste Taschengeld gehört dazu und du kannst dich an einer kleinen Tabelle orientieren, welcher Betrag für Kinder im Wackelzahn-Alter empfehlenswert ist.

„Ich bin bald ein Schulkind" – Vorschulzeit und Endspurt

„Mama, heute haben wir Schuhe gebastelt und dafür glitzernde Schnürsenkel bekommen, mit denen wir das Schleifebinden geübt haben." Luise ist ganz aufgeregt, als sie aus dem Kindergarten kommt. Jeden Dienstag dürfen sie und die anderen Vorschüler und Vorschülerinnen

zusammen etwas Neues lernen. Alle freuen sich und spüren, dass bald ein neuer Abschnitt ihres Lebens beginnt. Ab und zu machen sich auch ein paar kleine Sorgen breit: Werde ich das alles schaffen, scheinen sich die Kinder zu fragen, und warum machen die Erwachsenen aus der Schule eigentlich so ein großes Thema?

Tatsächlich ist das letzte Kindergartenjahr sehr geprägt von dem bevorstehenden Ereignis. Es findet die Schuleignungsprüfung statt, im Kindergarten wird oft eine kleine Vorschule eingerichtet, in der Kinder motorische und kognitive Grundlagen lernen, und irgendwann wird der Schulranzen gekauft. Außerdem sprechen alle Freunde und Verwandte das Kind auf die Schule an. Meist sind die Kinder in freudiger Erwartung, aber sicherlich schwingen auch ein paar Bedenken mit.

Ein großer Schritt

Wichtig ist, dass wir Eltern uns dieser zwiespältigen Gefühle unserer Kinder bewusst sind und das Thema Schule nicht größer machen, als es ist. Ich habe mich dabei ertappt, wie ich meinen großen Sohn im Jahr vor der Einschulung ermahnte und Dinge sagte wie „Das geht aber in der Schule nicht“ oder „Das musst du bis zur Einschulung können!“ Nicht sehr motivierend, oder?

Rund um die Einschulung hören viele Kinder den Satz: „Jetzt beginnt der Ernst des Lebens.“ Das ist ja eigentlich völliger Quatsch. Gerade die erste Zeit in der neuen Klasse ist darauf ausgerichtet, dass die ehemaligen Kindergartenkinder in der Schule ankommen können. Keine Lehrerin und kein Lehrer erwartet von den Kindern Unmögliches und jeder gute Pädagoge und jede gute Pädagogin weiß, dass sich die neuen Schülerinnen und Schüler zunächst einmal an all die Regeln und den Ablauf, die Pausen und die vielen fremden Räume gewöhnen müssen. Für die Kinder selbst ist die Einschulung ein großer Schritt, denn im Kindergarten waren sie bis vor Kurzem noch die Großen. Sie wussten, wie der tägliche Ablauf ist und welche Aufgaben sie haben. Die Schule dagegen ist unbekanntes Gelände und muss erst einmal langsam erforscht werden. Die ehemals Großen müssen von vorne anfangen und sind wieder die Kleinsten. Es wird Regeln geben, die sie lernen und viele neue Menschen um sie herum, mit denen sie auskommen müssen. Die Vorschulkinder spüren das und neben der Freude macht sich dann natürlich auch Angst breit. Bei manchen Kindern wird die Angst deutlich, und die Eltern merken, dass ihnen die Einschulung nicht geheuer ist. Bei anderen tritt die Angst untergründig hervor. Sie äußert sich dann in Form von Aggressivität, Bauchschmerzen, Albträumen oder anderen auffälligen Verhaltensweisen. Falls dein Kind also in der Vorschulzeit ein ungewöhnliches Verhalten an den Tag legt, könnte das daran liegen, dass ihm die bevorstehende Einschulung nicht ganz geheuer ist.

Aggression in der Vorschulzeit

Hin und wieder kommt es aus diesem Gefühl der Verunsicherung heraus zu Aggressionen des Kindes, ausgelöst durch den Stressfaktor Einschulung. Manche Eltern erleben ihr Kind dann wütend und verzweifelt, es geht wegen Kleinigkeiten in die Luft und das Wort „Wackelzahn-Pubertät“ bekommt noch einmal einen tieferen Sinn. Anders als in der richtigen Pubertät liegt dieses Verhalten aber nicht an einem veränderten Hormonspiegel, sondern die Kinder merken, dass es auf die Schule zugeht. Wenn Menschen sich einer Situation hilflos ausgeliefert fühlen, tritt ein archaisches Programm aus der Steinzeit in Kraft, das als „Kämpfen oder Fliehen“, bezeichnet wird. Die Kinder merken, dass sie vor der Einschulung, also vor dieser scheinbar bedrohlichen, weil unkalkulierbaren Situation, nicht fliehen können. So baut sich im Gehirn der Kinder Stress auf, der sich dann durch Ausraster entladen kann.

Was gegen Unsicherheit hilft

Die Pädagoginnen Katja Seide und Danielle Graf haben in ihrer Podcast-Folge zum Thema Vorschul-Pubertät einen Rat an Eltern, wenn Kinder in dieser Zeit unsicher sind oder sich aggressiv zeigen. Zunächst einmal sollten Mamas und Papas diese Aggressionen nicht auf sich beziehen. Im Prinzip sei es ein Zeichen von Vertrauen: Weil die Kinder sich bei den Eltern am sichersten fühlten, könnten sie hier auch ihre tiefsten Gefühle zeigen. Dass sie zu Hause ausflippen, liegt also daran, dass sie wissen, dass sie hier geliebt werden, egal, was kommt. Das sei nicht schön für die Eltern, aber es helfe, sich bewusst zu machen, dass das eben eine normale Phase ist und das Kind kein Tyrann. „Wir sind nicht die Fußabtreter für die Kinder und müssen nicht alles ertragen, was sie uns an den Kopf werfen, und wir können darüber auch ärgerlich sein. Aber wir können im Hinterkopf behalten, dass sich die Kinder ein Ventil suchen und es jetzt so okay ist, wie es ist“, sagt Katja Seide.

Eine gute Idee ist es, alternative Tätigkeiten anzubieten, in denen sich die Kinder nicht hilflos fühlen. Eltern können dem Kind also Aufgaben anbieten, bei denen es seine eigenen Ängste überwinden muss, „sodass es gerade so seine Angstgrenze kitzelt und das Kind Lust hat, es anzugehen. Indem es sich in anderen Situationen als kompetent erlebt, baut es die Ängste, die die Schule verursacht, ab,“ heißt es im Wunschkind-Podcast.

Ideen dazu, wobei man den eigenen Mut spüren kann:

- Das erste Mal alleine zum Bäcker gehen.
- Dem Kind den Umgang mit einem Taschenmesser zeigen und gemeinsam einen Wanderstab schnitzen.
- Einfache Kleidungsstücke bügeln.
- Mit einem Akkubohrer bohren lernen.
- Ein leichtes Nähprojekt an der Nähmaschine umsetzen.

Übrigens sind solche Übungen für die gesamte Zeit der Wackelzahn-Pubertät sinnvoll. Kinder sollten Dinge tun, bei denen sie ihre Freiheit spüren, sich Herausforderungen stellen und ihre Ängste überwinden können, raten Seide und Graf.

Manchen Situationen können wir in unserem Leben nicht aus dem Weg gehen. Aber völlig hilflos sind wir zum Glück selten und je mehr wir spüren, dass wir etwas gegen Ängste und Bedenken tun können, desto besser kommen wir mit all den Herausforderungen klar. Das zu lernen ist ein wichtiger Schritt für die Wackelzahn-Rebellen und -Rebellinnen. Wenn dein Kind sieht, dass es aus eigener Kraft Hindernisse meistern kann, dann hat es eine sehr wichtige Lektion gelernt und vielleicht auch seine Angst vor der Schule überwunden.

Wie viel Förderung braucht ein Vorschulkind?

Was muss ein Kind eigentlich alles können, damit es schulreif ist? Es gibt eine Reihe von Fähigkeiten, die nötig sind, um gut durch die Schulzeit zu kommen. Die gute Nachricht ist, dass du viele Dinge ganz leicht mit deinem Kind üben kannst. Du brauchst diesen Übungen nicht einmal einen pädagogischen Stempel aufzudrücken, sondern kannst sie ganz einfach in den Alltag einfließen lassen.

Im motorischen Bereich kannst du zum Beispiel mit deinem Kind Folgendes üben:

Sich selbst anziehen. In der Schule haben die Lehrer und Lehrerinnen kaum Zeit dazu, allen Erstklässlern nach dem Sportunterricht beim Umziehen zu helfen. Übt zu Hause das Anziehen Stück für Stück und nehmt jede Woche ein neues Teil dazu. Nach ein paar Wochen klappt das dann von ganz alleine und mit etwas Hilfe sind auch Strümpfe kein Problem mehr.

Schuhe binden. Das ist allerdings ein echt schwerer Schritt und ich finde, dass es von einem Erstklässler oder einer Erstklässlerin zu viel verlangt ist, sich ganz alleine eine Schleife zu binden. Mein Sohn kann es jetzt mit acht Jahren ganz gut, vorher taten es auch Turnschuhe mit Klettverschluss. Macht euch also keinen Druck, wenn das mit dem Schleifebinden zum Schulanfang noch nicht richtig klappt.

Den Stift richtig halten. Außer mit dem Malen von Bildern üben Kinder das gut, wenn sie ein Brot schmieren, Perlen auffädeln, Gemüse schneiden oder andere Dinge tun, bei denen sie die Kraft ihrer Finger dosieren müssen.

Für den kognitiven Bereich könnt ihr Folgendes üben:

Abwarten. Dein Kind sollte in der Lage sein, sich mit anderen abzuwechseln und abzuwarten. Das klappt gut, wenn ihr miteinander Gesellschaftsspiele spielt. Dabei übt das Kind außerdem, Mengen auf einem Würfel zu erfassen. Bei einem Gesellschaftsspiel lernt ein Kind eine ganze Menge und das Beste daran ist, dass das auch noch richtig viel Spaß macht und sich gar nicht wie eine Übung anfühlt. Am Ende des Buches findest du im Anhang ein paar tolle Spieletipps für Vor- und Grundschulkinder.

Konzentration. Dein Kind sollte auch noch in der Lage sein, sich zu konzentrieren, wenn ein gewisser Lärmpegel vorhanden ist. Das übt ihr gut beim Einkaufen. Schick dein Kind los in den Supermarkt, um dort eine bestimmte Zutat einzukaufen oder beim Bäcker ein Laugenbrötchen zu holen. Beim nächsten Mal bringt es dann zwei Lebensmittel mit oder holt außer dem Brötchen noch ein Vollkornbrot.

Bedürfnisse aufschieben. Dein Kind sollte seine Bedürfnisse auch mal aufschieben können, denn in der Schule muss es ja oft Dinge tun, die nicht seinen aktuellen Bedürfnissen entsprechen. Wenn du deinem Kind erklärst, dass du zwar verstehen kannst, dass es noch spielen will, ihr aber nun den Spielplatz verlassen müsst, weil es gleich Abendessen gibt, lernt es, dass seine Bedürfnisse zwar anerkannt, aber nicht immer erfüllt werden können.

Mit Mengen und Zahlen in Kontakt kommen. Dafür backt ihr zum Beispiel Kekse und zählt dabei gemeinsam die Eier und messt das Mehl ab. Oder beim Treppensteigen könnt ihr spielerisch vorwärts und rückwärts zählen üben.

Diese und viele weitere Ideen, um Kinder auf die Schule vorzubereiten, findest du im Buch „Topfit für die Schule durch kreatives Lernen im Familienalltag“ von Kinderarzt Dr. Rupert Dernick.

Vorschulzeit genießen

Du siehst, ihr könnt gemeinsam einiges tun, um euch auf die Schule vorzubereiten. Miteinander Gesellschaftsspiele spielen, malen und backen, den Kindern schwierigere Aufgaben zutrauen und ihnen helfen, kleinere und größere Hürden zu überwinden – so bereitest du dein Kind optimal auf die Schule vor. Nebenbei dürft ihr eines nicht vergessen: Genießt die verbleibende Kindergartenzeit! Im letzten Jahr könnt ihr …

- euch einen Tag frei nehmen und in den Zoo gehen.
- einfach mal ausschlafen und in den Tag hineinleben.
- spontan zur Oma fahren.
- einen Tag in einen Vergnügungspark gehen.
- Urlaub machen, wenn alle anderen zur Schule müssen.

TIPP FÜR DEN ALLTAG

Frag dich mal in einer ruhigen Minute, was du dir für dein Kind wünschst! Sind es gute Noten, ist es eine Empfehlung für das Gymnasium oder eine schöne Schulzeit und eine Kindheit mit möglichst wenig Druck? Ist es für dich wichtig, dass dein Kind als erwachsener Mensch erfolgreich ist und viel Geld verdient oder dass es etwas tut, was es glücklich macht? Schreib es für dich auf und hol den Zettel heraus, wenn dein Kind Schwierigkeiten mit dem Lesen hat oder ein Diktat mit vielen Fehlern nach Hause bringt. Oft ist es die Sorge, unser Kind könnte in der Schule versagen und dann später kein gutes Leben führen, die uns Eltern unruhig werden lässt. Meist ist diese Panik unbegründet und setzt das Kind nur unter Druck. Für ein gutes Leben braucht man nicht unbedingt ein Abitur, aber das Gefühl, dass Lernen etwa Schönes ist.

„Lieblingsfach? – Große Pause!“ – Kleine Hürden im Schulalltag bewältigen

„Wie war sie denn, die Schulwoche?“, fragt die Oma Jimmy zu Beginn des Wochenendes.
„War ganz okay“, murmelt mein Sohn und freut sich auf Ausschlafen, Fußball spielen und auf einen Filmabend mit Popcorn.

Mein Sohn macht sich aus der Schule nicht viel. Manchmal findet er toll, was dort passiert, an manchen Tagen geht er ungern hin. Er übt rechnen und schreiben, aber vor allem übt er seine sozialen Kompetenzen. Ich finde, die Mischung aus Respekt und Gleichgültigkeit gegenüber der Schule ist genau richtig, und wir Eltern können uns bei unseren Kindern eine Scheibe abschneiden. Hier kommen ein paar kleine Hürden aus dem Schulalltag, über die Eltern und Kinder mit etwas Mut, einer guten Vorbereitung und einer Brise Gleichgültigkeit ziemlich gut springen können.

Wenn Kinder der Mut verlässt

„Mama, ich möchte da nicht hin“, sagte Jimmy, als er im Flur stand. In den ersten Wochen nach der Einschulung verließ ihn morgens manchmal der Mut. Ich war ein wenig unruhig: Das Kind muss doch jetzt zur Schule, was ist nur plötzlich mit ihm los? Wir waren beide überfordert und ließen unsere Schultern hängen.

Tatsächlich ist der Schulstart für viele Kinder nicht so leicht und auch nach ein paar Wochen kann es sein, dass sie lieber zu Hause bleiben möchten. Es ist eben einfach ganz schön viel: die neuen Lehrer und Lehrerinnen, all die anderen Kinder, das große Gebäude und der ungewohnte Tagesablauf. Dein Kind gehört nun wieder zu den Kleinsten und spürt, dass der Ton auf dem Pausenhof manchmal ein wenig rauer ist als im Kindergarten.

Mein Sohn fand es vor allem schwierig, mit den Erwachsenen zu sprechen und der Lehrerin zu sagen, dass er mal auf die Toilette muss oder noch kein Arbeitsblatt bekommen hat. Da sind dann ab und zu mal Tränen gerollt. Mit etwas Geduld und Verständnis ging es aber, und er wurde von Woche zu Woche mutiger. Mittlerweile hat mein Sohn das Problem ganz gut gelöst. Sein bester Freund geht nun mit nach vorne zur Lehrerin und stärkt ihm im wahrsten Sinne des Wortes den Rücken. So hat er sich getraut, nach der verlorenen Uhr zu fragen oder einen Entschuldigungszettel abzugeben. An ganz wenigen Schultagen im Jahr, wenn er sich mal unwohl fühlt oder vor etwas Angst hat, dann steht er immer noch mit hängenden Schultern im Flur. Ich weiß nun aber, was ich zu tun habe. Ihm Mut zusprechen, ein paar Schritte mitgehen, ein kleines Gummibärchen in die Brotdose tun oder ihn noch einmal fest drücken.

Wenn dein Kind der Mut verlässt, sei es wegen eines kleinen Referats, einem Streit mit Freunden oder einer anderen unangenehmen Sache, dann könntet ihr …

- euch einen Kakao kochen und reden.
- euch zusammen aufs Sofa setzen und kuscheln.
- gemeinsam nach einer Lösung suchen.
- ein Sorgenpüppchen basteln, dem dein Kind seine Ängste anvertrauen kann.
- einen kleinen Mutmach-Stein in die Schultasche tun.

Wenn es deinem Kind schwerfällt, zur Schule zu gehen, könntet ihr Folgendes tun:

- Denkt euch eine kleine Routine aus, ein Mutmachlied singen, euch fest umarmen oder euch gegenseitig einen Wunsch für den Tag mitgeben.
- Setz dich zu ihm und hör zu, welche Ängste und Sorgen es hat.
- Kontaktiere die Lehrerin oder den Lehrer und teil mit, dass dein Kind gerade noch Schwierigkeiten mit dem Übergang hat.
- Begleite es noch ein Stück zur Schule und sprich ihm ganz viel Mut zu.
- Halte die Verabschiedung im Haus oder vor der Schule kurz und sage herzlich, aber bestimmt, dass es jetzt Zeit ist, loszugehen.
- Überleg mal, ob du mit deinem Partner oder deiner Partnerin tauschen kannst, damit nicht du es bist, von dem sich das Kind verabschieden muss. Bei dem jeweils anderen Elternteil geht es manchmal viel einfacher.

Wenn es Ärger gibt

Eine komplette Grundschulzeit ohne Ärger und Streit gibt es nicht, denn wo so viele unterschiedliche Kinder aufeinandertreffen, ist der eine oder andere Konflikt vorprogrammiert. Manchmal ist das eigene Kind Opfer einer Gemeinheit, manchmal ärgert es selbst einen Mitschüler oder eine Mitschülerin. Egal was passiert ist, wir sollten uns bei Konflikten so wenig wie möglich einmischen und immer unser Kind nach seiner Meinung fragen (→ „Reden mit kleinen Rebellen“). Wir Eltern waren in der Schule nicht dabei und können uns deshalb auch kein genaues Bild davon machen, was wirklich passiert ist.

Mit anderen Kindern auszukommen, auch wenn dein Kind manche Mitschüler oder Mitschülerinnen nicht mag, ist ein schwieriger und komplizierter Lernprozess. Hör deinem Kind zu, tröste es, wenn es traurig ist oder sprich in Ruhe mit ihm, wenn es selbst gemein war. Sicher hat es eine Idee, was es beim nächsten Mal anders oder besser machen könnte. Wenn es darauf kommt, sich zu entschuldigen, stärke ihm den Rücken, geh mit oder bleib beim Telefonat an seiner Seite. Manche kleinen Streitigkeiten sind auch schnell vergessen, und es ist oft ein Wunder, wie schnell sich ein scheinbar schlimmer Streit unter Freunden in Luft auflöst.

Unlösbare Konflikte

Gibt es einen handfesten Streit, der sich so nicht lösen lässt, ist Gewalt im Spiel oder kommt ein Konflikt immer wieder auf, wende dich am besten direkt an den Lehrer oder die Lehrerin. In den meisten Schulen gibt es Streitschlichter oder das Lehrpersonal setzt sich mit den zerstrittenen Schülern und Schülerinnen zusammen. In der Schule, also dort, wo der Konflikt stattfand, lässt er sich auch besser wieder lösen. Eltern sind oft parteiisch oder selbst so betroffen, dass es schwer ist, das Geschehen gerecht zu bewerten. Ich hatte einmal selbst eine große Wut auf einen Jungen, der meinen Sohn in der Schule ärgerte. Als ich dann herausfand, dass mein Sohn ebenfalls nicht unschuldig war, wurde ich wütend auf ihn. Dabei habe ich gemerkt, dass ich nicht in der Lage bin, den Streit objektiv zu bewerten und mich rausgehalten. Weil die Jungs das aber nicht alleine in den Griff bekamen, haben die Lehrerinnen den Konflikt dann in einem gemeinsamen Gespräch mit den Kindern vor Ort geklärt.

Wenn die Schule anstrengend war

Für Kinder ist so ein Vormittag in der Schule ganz schön ermüdend, denn sie müssen lange sitzen, Aufgaben bewältigen, Niederlagen einstecken oder Streitereien auf dem Schulhof austragen. Trotz Sport und großer Pause bewegen sich die Kinder viel weniger als im Kindergarten, denn dort saßen sie selten länger als eine halbe Stunde an einem Platz. Kein Wunder, dass so manches Kind nicht gerade gelassen zu Hause ankommt. Sicherlich tut bereits der Schulweg gut, um Abstand von der Schule zu bekommen. Sich mit den Freunden austauschen, ein bisschen rennen oder den Gedanken nachhängen, das alles sind gute Gründe, den Schulweg möglichst an der frischen Luft und ohne Erwachsene zurückzulegen. Wenn mein Sohn von der Schule kommt, ist er oft ziemlich laut und überschwänglich. Ich höre ihn schon von Weitem, er kommt zur Tür herein und wirft alle sieben Sachen von sich. Meist hat er Hunger und deshalb erst einmal keine Lust auf die Hausaufgaben.

Vielleicht ist dein Kind nach der Schule nörgelig oder müde, schlecht gelaunt oder den Tränen nahe. Jetzt heißt es erst einmal Pause machen! Hat dein Kind Lust, über die Schule zu reden? Frag es am besten, was heute besonders schön oder besonders doof war. So kommen Kinder viel eher ins Gespräch, als wenn wir die typischen Erwachsenen-Fragen nach den Lerninhalten stellen. Will dein Kind nicht von der Schule erzählen? Dann solltest du das akzeptieren.

Mein Sohn spielt nach der Schule gerne eine Runde Fußball, meine Tochter hört lieber ein Hörspiel, wenn sie eine Pause braucht. Schau einfach mal, wobei sich dein Kind gut erholen kann. Außerdem können Eltern die Zeit selbst für eine kleine Pause nutzen.

Für die Tagesplanung empfehle ich, so wenig Termine wie möglich zu machen. Statt Freizeitstress schick dein Kind raus zum Spielen. Es soll sich mit Freunden treffen dürfen, rumhängen, rennen, laufen und draußen kleine Abenteuer erleben. Warum Kinder ein Recht auf Erholung haben, kannst du im Experteninterview → „Kinderrechte und wie wir sie schützen“ nachlesen. Im folgenden Kapitel → „Kindheit genießen“ wird es noch ausführlich um Freizeit und Hobbys gehen.

Wenn die Hausaufgaben nerven

Eine wirklich unangenehme Sache, die aber zur Schule dazugehört, sind die Hausaufgaben. Die meisten Kinder haben ab und zu überhaupt keine Lust dazu und in den meisten Familien führt das dann schnell zu einer Menge Ärger. Zunächst einmal sollten wir uns klar machen, wie nervig die Aufgaben für die Kinder sind. Sie haben sich den halben Tag in der Schule angestrengt, sind nun müde und lustlos und sollen sich jetzt auch noch an den Tisch setzen und sich eine halbe bis ganze Stunde konzentrieren. Das Gelernte muss jedoch geübt und im Gehirn gefestigt werden, und so ätzend das auch ist, aber diese Hausaufgaben sind auch eine Gewöhnungssache, denn später auf der weiterführenden Schule ist der Lernstoff nicht anders zu bewältigen als durch die Übung am Nachmittag. Die besten Vorbereitungen auf die Hausaufgaben trefft ihr, wenn ihr eine gute Lernumgebung schafft. Dazu gehören …

- ein frei geräumter Tisch (nicht alle Kinder möchten die Hausaufgaben am eigenen Schreibtisch machen. Mein Sohn sitzt lieber bei mir am Küchentisch)
- Ruhe (nebenher kein Fernseher, kein Radio, kein Hörspiel)
- ein sortiertes Mäppchen mit Stiften
- genug Licht.

Eine halbe Stunde konzentriert zu arbeiten ist nicht einfach, und so manches Kind muss sich daran gewöhnen, vor allem die Schüler und Schülerinnen der ersten Klasse. Hilf deinem Kind, und erinnere es freundlich ans Weitermachen, wenn es sich mit Spitzen der Stifte ablenkt, ständig auf die Toilette rennt oder Löcher in die Luft schaut. Setz dich mit einer Zeitung dazu und versuche, Ruhe auszustrahlen. Mit der Zeit heißt es dann, das Kind selbstständig arbeiten zu lassen. Im Laufe der Grundschule kann es irgendwann sein Mäppchen selbst in Ordnung bringen, die Zeit im Blick behalten, die Aufgaben gemäß der Aufträge im Hausaufgabenheft bearbeiten und dann den Arbeitsplatz aufräumen.

Geheimtipp für Frieden im Haus

Übrigens habe ich neulich einen tollen Ratschlag erhalten. Eine Grundschullehrerin erzählte von ihrem Sohn, mit dem sie vor vielen Jahren jeden Nachmittag viel Ärger rund um das Thema Hausaufgaben hatte. Er hat sich oft geweigert, sich an den Tisch zu setzen, sie hat ihn dann gedrängt, weil ihr das Hausaufgabenmachen so wichtig war. Sie sagte zu uns, dass sie sich im Nachhinein fragt, warum sie sich so einen Stress gemacht hat. Wie viel Ärger hätte sie sich erspart, wenn sie ihn einfach ohne Hausaufgaben in die Schule geschickt hätte? Sie riet uns, das auszuprobieren. Die Lehrerin oder der Lehrer soll das dann mit dem Kind in der Schule klären. Oft ist es nämlich furchtbar unangenehm, das leere Heft zu zeigen. Ziel ist es, dass es die Hausaufgaben freiwillig macht.

Ich fand diesen Ratschlag von der Pädagogin einfach grandios und möchte dir Mut machen, das mal auszuprobieren. Habt ihr also jeden Nachmittag Krach, überlass deinem Kind die Entscheidung und zieh bei Bedenken die Lehrerin oder den Lehrer ins Vertrauen. Ich denke, dass das Problem in der Schule viel besser gelöst werden kann, auch weil sich unsere Kinder dem Lehrpersonal gegenüber ganz anders verhalten als bei uns. Vielleicht wäre es sonst auch eine Idee, dass dein Kind die Aufgaben im Hort oder in der Nachmittagsbetreuung macht.

TIPP FÜR DEN ALLTAG

Dein Kind macht seine Lesehausaufgaben nicht gerne, aber seine Freunde verschlingen ein Buch nach dem anderen? Bloß keine Sorge! So viele Kinder lesen einfach nicht gerne, weil es ihnen keine Freude bereitet, sondern eine anstrengende Übung ist. Probier mal verschiedene Dinge aus: Comics, Fußballzeitschriften, Wissensbücher über das Lieblingshobby oder die Kinderseite der Zeitung. Die Begeisterung ist immer noch der beste Lehrmeister. Beim Lesen üben wechselt ihr euch ab, eine Seite liest dein Kind, eine Seite du. Dein Kind ist nicht der einzige Lesemuffel und wird in den nächsten Jahren immer besser werden, auch ohne Druck.

„Wo ist denn mein Spitzer geblieben?“ – Chaos-Kinder und die Ordnung

„Wo ist dein Bleistift?“, frage ich Jimmy, als wir zusammen in sein Mäppchen schauen.

„Weiß nicht“, antwortet er und zuckt mit den Schultern.

Ich rolle mit den Augen, denn es ist der fünfte Bleistift in diesem Jahr. Die Dreikant-Stifte mit der dicken Mine und den Gumminoppen für die bessere Haltung sind ziemlich teuer, und ich hatte extra um Sorgfalt gebeten. Nichts zu machen, Jimmy verliert jede Woche mindestens einen Gegenstand.

Nicht nur den ganzen Vormittag stillzusitzen und nachmittags Hausaufgaben konzentriert zu erledigen ist anstrengend, sondern auch die Organisation der Schulsachen. Du glaubst nicht, wie oft mein

Sohn im ersten Schuljahr Mützen, Stifte und Radiergummis verloren hat. Mir ist nun klar, dass es für ihn eine echte Herausforderung ist, seine sieben Sachen beieinander zu behalten. Lange fragte ich mich, warum er nach Schulende sein Mäppchen nicht ordentlich einräumt. Ich weiß nun, warum: Damit er nicht der Letzte im Klassezimmer ist und alleine nach Hause laufen muss, schmeißt er die Stifte nur hinein, anstatt sie in die Gummischlaufen zu stecken. So sieht er auch nicht, dass der Dreikant-Stift fehlt.

Tipps für mehr Ordnung

Manche Kinder sind von der Schule so überfordert, dass sie sogar den Ranzen vergessen und vor Schreck darüber bitterlich weinen. Andere lassen Sportschuhe und Fingerhandschuhe liegen, verwechseln die Sporthose mit der ihrer Freundin oder finden die Jacke nicht, obwohl sie neben ihnen liegt. Ich habe da ein paar Tipps für dich, wie ihr zusammen Ordnung halten könnt. Denn auch das ist eine Sache der Übung.

- Alle Dinge für die Schule markieren: Mit Namensetiketten, buntem Klebeband, Aufklebern oder einfach überall mit wasserfestem Filzstift den Namen des Kindes draufschreiben.
- Auf einen Schirm verzichten, der bleibt sowieso liegen. Lieber regenfeste Jacken mit Kapuzen kaufen.
- Kindern, die dauernd Mützen und Handschuhe verlieren, preiswerten Ersatz aus dem Secondhandladen kaufen, dann ärgern sich Eltern nicht so sehr.
- Das Gleiche gilt für Stifte. Markenstifte lohnen sich, werden aber teuer, wenn sie dauernd verloren gehen. Irgendwann lieber zu günstigeren Stiften greifen, als sich dauernd darüber zu streiten.
- Regelmäßig zusammen mit dem Kind die Fundsachen in der Schule durchsehen und es auffordern, ab und zu alleine dort vorbeizuschauen.

Knifflige Frage: Mein Kind geht nicht gerne zur Schule

Jedes Kind geht ab und zu nicht gerne zur Schule, das ist ganz normal. Manchmal ist der Lernstoff sehr schwer, das Lesen klappt nicht oder das mit dem Multiplizieren möchte einfach nicht in den Kopf. Ab und zu gibt es Ärger mit der Lehrerin oder dem Lehrer, mal herrscht Streit mit Mitschülern. Wenn der Frust aber lange anhält, sich das Kind unwohl fühlt, sich zurückzieht oder aggressiv wird, solltest du handeln. Am besten ist es, mit dem Kind über die Probleme in der Schule ins Gespräch zu kommen. Leg dich doch einmal abends zu ihm ins Bett! Schau noch einmal in das Kapitel → „Reden mit kleinen Rebellen“. Kann es sich öffnen und artikulieren, was ihm Sorgen bereitet?

Im nächsten Schritt würde ich das Gespräch mit dem Klassenlehrer oder der Klassenlehrerin suchen. Wie ist der Eindruck in der Schule, was könnte dem Kind Schwierigkeiten bereiten? Überhaupt ist eine gute Zusammenarbeit mit dem Lehrpersonal wichtig. Sicher könnt ihr gemeinsam beratschlagen, was dem Kind fehlt oder was ihm guttun würde. Ist der Unterricht zu anspruchsvoll oder zu einfach? Fühlt es sich in der Klassengemeinschaft einsam oder isoliert? Ist der Druck zu hoch, den das Lehrpersonal oder die Eltern ausüben? Es gibt Kinder, die scheinen nicht so recht in das Schulsystem zu passen. Sie sind verträumt, kreativ und beschäftigen sich lieber nur mit Dingen, die sie wirklich interessieren.

Schule wechseln oder Abhilfe schaffen?

Manchmal ist ein Schulwechsel nicht möglich, und es stellt sich auch immer die Frage, ob es sinnvoll ist, das Kind aus der gewohnten Umgebung zu nehmen oder einen weiten Schulweg in Kauf zu nehmen. Ist die Zusammenarbeit mit dem Lehrpersonal vor Ort gut, können sicher auch dort Maßnahmen getroffen werden. Kreativ kann das Kind auch zu Hause sein. Ideen dafür sind:

- Viel malen, töpfern oder mit Naturmaterialien spielen.
- Sich gemeinsam mit den Spezialinteressen des Kindes auseinandersetzen und ihm Bücher an die Hand geben, damit es das lernen kann, was es interessiert.
- Zu Hause so wenig Druck wie möglich aufbauen und die Schule ernst, aber nicht überwichtig nehmen.

Mit solchen relativ einfach umzusetzenden Ideen könnt ihr womöglich Abhilfe schaffen. Wenn all das nicht klappt, wende dich erneut an das Lehrpersonal oder die Schulleitung.

„Mama, ich brauch Geld!" – Taschengeld für Schulkinder

„Ich möchte diese Zeitschrift hier", ruft Luise im Supermarkt und zeigt auf ein Heft mit Tieren.
Es ist ziemlich teuer, finde ich. „Du hast doch dein eigenes Taschengeld", schlage ich vor.
Es reicht genau für das Heft. Luise überlegt, ob sie die Zeitschrift nehmen soll und dann einen leeren Geldbeutel hat. Sie entscheidet sich dagegen, denn morgen möchte sie mit ihrer Freundin Süßigkeiten kaufen gehen.

Spätestens zum Schuleintritt wird es Zeit, den Kindern Taschengeld auszuzahlen, denn so lernen sie den Umgang mit Geld am besten. Es kann eine Menge Spaß machen, auf ein Ziel zu sparen und sich dadurch einen lang gehegten Wunsch zu erfüllen. Mit Geld umzugehen ist eine weitere Grundfähigkeit, die genauso viel Übung bedarf wie das Lesen oder das Organisieren seiner Schulsachen. Der Beginn der Wackelzahn-Pubertät ist der richtige Zeitpunkt, um das zu üben. Nun kannst du deinem Kind regelmäßig einen gewissen Betrag auszahlen, über den es selbst verfügen kann. Größere Beträge von Verwandten oder Geburtstagsgeld dürft ihr weiterhin aufs Sparbuch tun.

Geld auszahlen: so geht's

Damit ihr an das Taschengeld denkt und die Auszahlung nicht vergesst, gibt es übrigens Taschengeld-Apps. Hier könnt ihr gemeinsam einstellen, wie viel Geld dein Kind bekommt, und es kann sich dann jederzeit einen beliebigen Betrag von dir bar auszahlen lassen. Oder ihr denkt einmal in der Woche an das Taschengeld, und dein Kind steckt es direkt in seine Geldbörse. Dein Kind entscheidet selbst, ob es sein Geld sofort für Süßes oder Sammelkarten ausgibt oder doch lieber für ein großes Spielzeug spart. Außerdem wird es merken, dass mit einem Einkauf das gesparte Geld weg ist und erst wieder eine Zeit des Ansparens folgen muss, bis es sich wieder etwas kaufen kann. Wie Kinder mit Geld umgehen ist so typabhängig wie bei uns Erwachsenen. Mein Sohn spart sich zum Beispiel das meiste auf, meine Tochter gibt lieber Geld aus. Am besten, wir reden den Kindern hier nicht rein. Auch was Geld betrifft, ist die eigene Erfahrung viel wertvoller als der Rat der Eltern.

Was darf gekauft werden?

Selbstverständlich könnt ihr Regeln vereinbaren. Wie viel Süßigkeiten sind in Ordnung, gibt es Spielzeuge, die ihr Eltern nicht erlauben möchtet oder andere Richtlinien? Rede mit deinem Kind und stellt gemeinsam Regeln auf! Wenn Kinder dann alleine in den Supermarkt oder zum Kiosk gehen, um sich ein Eis zu kaufen, erwerben sie viele wichtige Fähigkeiten. Sie trauen sich, einen Verkäufer anzusprechen, sie händigen Geld aus und zählen das Wechselgeld nach.

Ab wann ist es sinnvoll, Taschengeld auszuzahlen? Laut Rat der Jugendämter etwa ab vier bis fünf Jahren. Das ist das Alter, in dem Kinder ein Gefühl für Mengen, Zahlen und Münzen entwickeln. Sinnvoll ist es, das Geld wöchentlich auszuzahlen, denn für Grundschulkinder ist ein Zeitraum von vier Wochen ganz schön lang, und sie können die Dauer, in der das Geld reichen soll, noch nicht so gut abschätzen.

Hier findest du Richtlinien, an denen du dich orientieren kannst, wie viel Geld pro Woche in der Grundschule angemessen ist. Wie viel ihr auszahlt, hängt natürlich auch von euren finanziellen Möglichkeiten ab und ist eine freiwillige Angelegenheit, denn Kinder haben kein grundsätzliches Recht auf Taschengeld.

Unter 6 Jahren	0,50 bis 1,00 Euro
6 Jahre	1,00 bis 1,50 Euro
7 Jahre	1,50 bis 2,00 Euro
8 Jahre	2,00 bis 2,50 Euro
9 Jahre	2,50 bis 3,00 Euro
10 Jahre	3,00 bis 4,50 Euro

Wichtige Regeln beim Taschengeld:

Damit es keine unnötigen Diskussionen gibt, schlage ich dir vor, folgende Punkte aus Fairnessgründen zu beachten:

- Wenn ihr die Auszahlung von Taschengeld vereinbart habt, dann müsst ihr es auch verlässlich tun.
- Knüpft das Auszahlen nicht an Bedingungen.
- Kürzt das Taschengeld nicht als Strafe.
- Zahlt es regelmäßig und pünktlich aus.
- Sprecht ab, was nicht gekauft werden darf.
- Wenn das Kind pleite ist, schenk ihm kein Geld, sonst lernt es den Umgang nicht.

Experteninterview mit einer Grundschullehrerin: Immer Ärger mit den Hausaufgaben

Ich habe die Grundschullehrerin Carolin Daynes um Rat gefragt, die seit 2007 als Lehrerin tätig ist und selbst zwei Kinder hat. Sie hat ein paar gute Tipps für dich, falls es bei euch immer wieder Ärger mit den Hausaufgaben gibt.

Was rätst du Eltern, deren Grundschulkinder jeden Mittag wütend über die Hausaufgaben sind, nicht anfangen wollen oder nicht bei der Sache sind?

Carolin Daynes: Eltern können ihre Kinder ermutigen, mit den vermeintlich „einfachen" Dingen oder den leichten Aufgaben anzufangen. Helfen kann auch, zusammen mit dem Kind feste Hausaufgabenzeiten zu vereinbaren und diese auch einzuhalten. Wichtig finde ich, dass es zwischen Schulschluss und den Hausaufgaben Zeit für Erholung gibt. Rituale wie der stets selbe Arbeitsplatz oder ein besonders schöner Stift können das Kind motivieren.

Wie lange sollten Kinder deiner Meinung nach an den Hausaufgaben sitzen? Wenn sie die Aufgaben nicht in einer halben Stunde schaffen, machen sie besser weiter oder nicht?

Carolin Daynes: Ich empfehle je nach Klassenstufe zwischen 30 bis maximal 60 Minuten (in Klasse 4). Wenn die Kinder länger als 30 Minuten an den Hausaufgaben sitzen, kommt es auf die Motivation an. Lieber mal eine Pause machen und sich später noch einmal dransetzen!

Wann sollen Eltern Kontakt zu den Lehrern aufnehmen, wenn es Ärger rund um die Hausaufgaben zu Hause gibt?

Carolin Daynes: Ich würde sagen, dass Eltern ihre Kinder bei den Hausaufgaben und bei ihrer Einstellung dazu eine Weile beobachten sollten. Wenn es häufiger vorkommt, dass es Probleme mit dem Stoff, der Zeit oder den Aufgaben gibt, ist es gut, das so früh wie möglich dem Lehrer oder der Lehrerin mitzuteilen. Oft reicht ein Post-it mit der Nachricht, wo es Probleme gab.

Wann ist es besser, sich als Eltern rauszuhalten und die Verantwortung für die Hausaufgaben den Kindern zu überlassen?

Carolin Daynes: Grundsätzlich sollte das Kind wissen, dass es sich bei Fragen an die Eltern oder an einen anderen Erwachsenen wenden kann. Dem Kind sollte klar sein, dass die Hausaufgaben wichtig sind. Eltern sollten das Kind gegebenenfalls anspornen, selbst Lösungen zu finden, es bei den Hausaufgaben unterstützen und Wertschätzung für Teilleistungen zeigen. Die Hausaufgaben ganz in die Verantwortung des Kindes zu geben, ist eventuell gewagt, kommt sehr auf das Kind an und ist wohl eher ab Klassenstufe drei in Betracht zu ziehen. Ich denke, dass es auch für das Kind gut ist, wenn man als Eltern mal nachfragt, wie es mit den Hausaufgaben läuft oder welche Themen gerade dran sind.

Sollten die Eltern die Hausaufgaben kontrollieren?

Carolin Daynes: Wenn Eltern einen groben Überblick haben, was das Kind zu tun hat und auf wiederkehrende Fehler aufmerksam machen, ist das gut. Letztlich korrigieren sollte tatsächlich der Lehrer oder die Lehrerin, denn nur er oder sie kann den wahren Leistungsstand des Kindes beurteilen. Wenn ein Kind immer korrekte, fehlerfreie Hausaufgaben abgibt, kann der Lehrer oder die Lehrerin keine Tipps oder Hilfen geben und in der Klassenarbeit holt das den Schüler oder die Schülerin dann ein.

KINDHEIT GENIESSEN: FREIZEIT, HOBBYS, FREUNDE FINDEN

Kinder in der Wackelzahn-Pubertät brauchen vor allem eines: Zeit zum Spielen. Warum Langeweile notwendig für die Entwicklung von Kreativität ist und von uns Erwachsenen viel zu negativ gesehen wird, erzähle ich dir in diesem Kapitel. Das richtige Hobby entdecken und Freunde finden gehört außerdem zum Bereich Freizeit dazu und ist mindestens so wichtig wie lesen lernen und Hausaufgaben machen.

„Ich habe heute Zeit!" – Warum Kinder ihre Freizeit genießen dürfen

„Wir müssen los!", rufe ich. Die Kinder kommen aber nicht, weil sie so sehr in ihr Spiel vertieft sind. Wir haben jedoch einen Zahnarzttermin und alle müssen mit. Jimmy und Luise beschweren sich, wollen zu Hause bleiben und machen, worauf sie Lust haben. Leider kann ich ihnen diesen Gefallen nicht tun, aber mir wird wieder klar, wie sehr uns diese Nachmittagstermine als Familie anstrengen.

Kinder haben ein Recht auf Freizeit und Erholung, das hat Luise Meergans vom Deutschen Kinderhilfswerk im Kapitel → „Bärenstark und selbstbewusst" schon erwähnt. Manchmal ist es aber nicht so leicht, dieses Recht einzuräumen. Vormittags sind die Kinder im Kindergarten oder in der Schule, nachmittags stehen Hausaufgaben an, Arzttermine, Therapiesitzungen, Flötenstunde oder Fußballtraining. Die Kinder sollen ihr Spiel unterbrechen und sich anziehen. Oft haben sie keine Lust, selbst wenn es um das heiß geliebte Hobby geht, denn erst gerade haben sie sich in ihr Spiel vertieft. Also gibt es Ärger und Stress, weil die Kinder nicht mitwollen, es aber müssen. Wie oft habe ich diese Nachmittage verflucht. Erst war den Kindern langweilig, dann haben sie doch noch eine schöne Beschäftigung für sich gefunden oder sich mit einem Hörspiel auf ihr Bett gelegt, schon musste ich zum Abmarsch rufen.

So kann sich dein Kind erholen

Kinder brauchen Ruhe, genau wie wir Großen, auch wenn sie sicher nicht mehr viel davon halten, sich für einen Mittagsschlaf hinzulegen. Sie machen ihre Pause manchmal ganz anders, denn Entspannen klappt zum Beispiel auch gut, wenn man sich bewegt. Mein großer Sohn braucht dafür einen Fußball und ein bisschen Platz, manchmal liest er auch ein Buch oder notiert sich die Spielstände seiner Tischkicker-Partien in ein Notizbuch. Dabei braucht er keine Gesellschaft, sondern ist ganz für sich. Ganz anders macht es meine Tochter: Sie ist gerne bei mir unten in der Küche, malt etwas, hört sich ein Hörspiel an oder sortiert ihre Spielzeugpferde nach Rasse und Farbe. Mein kleiner Sohn muss nach dem Kindergarten unbedingt eine Viertelstunde mit seinen Autos und der Parkgarage spielen. So hat jedes Kind seine eigene Strategie, um Ruhe zu finden. Dafür kommt der Kopf beim lauten Toben, beim imaginären Schwertkampf oder beim Trampolinspringen zur Ruhe, und das ist genau die richtige Strategie der Kinder, um Abstand von den Ereignissen des Vormittags zu bekommen.

Übrigens kann es sein, dass dein Kind noch auf der Suche nach seiner Strategie ist. Je mehr Zeit und Muße es aber zur Verfügung hat, desto eher findet es seine ganz persönliche Art, auszuruhen. Du kannst ihm mit Vorschlägen ein wenig auf die Sprünge helfen:

- Besorg ein Malbuch, einen Malblock und Stifte. Mandalas ausmalen, frei malen, mit einem Bleistift zeichnen oder Wasserfarben ausprobieren, das ist alles entspannend.
- Schenk deinem Kind ein Tagebuch und einen Stift, wenn es gerne schreibt.
- Biete ihm Hörbücher oder Musik und Kopfhörer an.
- Leiht spannende Bücher aus der Bücherei aus.
- Zeig deinem Kind, wie man häkelt oder strickt. Den Anfang könnt ihr mit einer Strickliesel machen.
- Manche Kinder begeistern sich für knifflige Rätsel. Ein Rubik-Cube, kleine Geschicklichkeitsspiele oder Sudokus wären eine Idee.
- Bewegung kann beruhigen. Habt ihr einen Garten oder gibt es bei euch um die Ecke Platz zum Fußballspielen?
- Wie wäre es mit einem Trampolin auf dem Balkon oder im Garten? Es gibt auch kleinere Versionen für drinnen.
- Ein Boxsack im Kinderzimmer kann Wut und Ärger abbauen, und das Draufhauen beruhigt die Nerven.
- Perlen auffädeln oder Bügelperlen stecken ist eine richtig gute Meditationsübung.
- Dein Kind hat ein Faible für Holzschwerter? Ihr könnt ein dickes Hanfseil an einem Haken im Kinderzimmer aufhängen, an dem es sich mit seinem Holzschwert austoben kann, ohne andere in Gefahr zu bringen.
- Wie wäre es mit einer Dart-Scheibe, einem Schachcomputer oder einem Tischkicker für das Kinderzimmer?

TIPP FÜR DEN ALLTAG

Dein Kind hat Freude am Ballspielen? Falls ihr keinen großen Garten habt, eignen sich aufklappbare Tore zum Mitnehmen. Sie lassen sich auch schnell wieder abbauen und verstauen. Unser Geheimtipp ist übrigens ein Ball aus einer Stoffhülle und einem Luftballon. Beides ist klitzeklein zusammenfaltbar und der Ballon kann jederzeit aufgeblasen werden. Damit dürfen die Kinder sogar im Haus Fußball spielen, denn er ist so leicht, dass nichts zu Bruch gehen kann.

Termine ohne Stress bewältigen

Im Kapitel „Bärenstark und selbstbewusst“ habe ich dir erzählt, wie wichtig es ist, die Notwendigkeit verschiedener Therapiestunden genau zu überdenken. Manchmal sind sie allerdings unumgänglich und Logopädie, Krankengymnastik oder Ergotherapie müssen sein, damit die Kinder jetzt und später ein gutes Leben führen und gesund aufwachsen können. Wenn Therapietermine oder Arztbesuche anstehen, ist es gut, das Kind darauf vorzubereiten. Sag deinem Kind schon morgens, was heute ansteht. Findet der Termin sofort nach der Schule oder dem Kindergarten statt, nutzt zumindest den Weg, um ein bisschen auszuruhen. Denkt euch Geschichten aus, hört ruhige Musik im Auto, redet bei Bedarf über den Vormittag oder lass dein Kind ein wenig die Augen zumachen. Damit es kurz vor dem Aufbruch keinen Stress gibt, könntet ihr am Abend vorher alles Notwendige einpacken, sodass ihr Krankenversicherungskarte, Logopädie-Ordner oder Turnschläppchen nicht mehr suchen müsst. Binde dein Kind dabei mit ein, so lernt es, sich irgendwann selbst darum zu kümmern, was alles mit in die Tasche muss.

Auch Wartezeiten in Praxen könnt ihr nutzen. Ein Buch vorlesen, kuscheln, eine Runde Uno spielen oder einfach nur dasitzen und in die Luft gucken: sich notwendige Übel so schön wie möglich zu gestalten tut euch allen gut.

ATEMPAUSE FÜR ELTERN

Mich selbst strengen die Termine mit den Kindern sehr an, vor allem, wenn alle mitmüssen. Mindestens ein Kind weigert sich nämlich und muss dann bei Termindruck überredet werden. Ich erinnere mich genau an Logopädie-Termine meines Sohnes. Während er seine Übungen machte, wartete ich mit meiner kleinen Tochter im Wartezimmer und musste sie im Minutentakt davon abhalten, sich mit Wasser aus dem Wasserspender komplett nass zu machen. Hinterher war ich immer fix und fertig. Wechselt euch als Eltern mit Arzt- und Therapieterminen ab und lasst die Verantwortung dafür nicht nur auf einem Paar Schultern ruhen.

„Flötenunterricht nervt!“ – Welche Hobbys machen wirklich Spaß?

„Ich habe keine Lust, Flöte zu üben!“ Luise spielt sehr gerne auf ihrem Instrument, aber das Üben findet sie manchmal doof. Immer wieder drückt sie sich darum oder spielt nur widerwillig. Das mit den Hobbys ist so eine Sache. Sie können unglaublich viel Spaß machen, aber das Üben und Trainieren kann sehr mühselig sein. Wir Erwachsenen kennen den Zwiespalt: Manche von uns freuen sich, weil sie dank jahrelangem Üben ein Instrument beherrschen, andere finden, die Klavierstunden waren Quälerei und haben sowieso nichts gebracht.

Gerade was das Musizieren betrifft, haben viele Eltern immer noch im Kopf, dass es wichtig ist, ein Instrument zu beherrschen. Tatsächlich fördert das Erlernen ganz verschiedene Fähigkeiten und vor allem die wichtige Einsicht, dass es neben etwas Talent vor allem ganz viel harten Trainings bedarf, bis man eine Sache richtig gut kann. Rückschläge einstecken, beim Üben verzweifeln, eine Passage dauernd wiederholen, bis sie einem zum Hals raushängt und irgendwann die Früchte der Arbeit ernten – ein Musikstück zu beherrschen und sich selbst und andere damit zu erfreuen ist der Lohn für diese ganze Mühe. Ein wenig ähnlich ist es zum Beispiel beim Skateboard fahren, und so kommen wir auch zum Punkt: Nicht alle Kinder haben Spaß daran, ein Instrument zu lernen und es gehört nicht zwangsläufig zu einer erfüllten Kindheit dazu. Mein Sohn hat kein Interesse an Musik, auch wenn ich das schade finde. Selbst die Möglichkeit, an der Schule mit Freunden zusammen Teil eines Blasorchesters zu sein, lockt ihn nicht aus der Ecke hervor. Das müssen wir Eltern akzeptieren. Meine Tochter dagegen flötet (meist) gerne und besucht mit Freude Klassik-Konzerte für Kinder. Was dem einen gefällt, ist für den anderen ein lästiges Übel. Seid ihr als Eltern also der Ansicht, euer Kind müsste unbedingt ein Instrument lernen, es hat aber absolut keinen Spaß daran? Dann lasst es doch ein anderes Hobby ausprobieren. Vielleicht fährt es lieber BMX-Rad oder übt sich im Tischtennis, im Schach oder beim Töpfern? Auch dort lernt es, beim Üben hartnäckig zu bleiben, um ein Ziel zu erreichen. Die Freude an der Musik lässt sich nicht erzwingen, ebenso übrigens nicht der Spaß am Sport.

Musik erleben Kinder auch dadurch, indem sie singen oder die Magie eines Livekonzerts erleben. Es gibt auch ein erfülltes Leben ohne Cello-Stunden. Wichtig ist, dass wir unsere eigene Idee von einem erfüllten Leben nicht auf unser Kind projizieren.

ATEMPAUSE FÜR ELTERN

Ob Flötenunterricht, Fußball spielen oder Töpferkurs, damit ihr es euch so unkompliziert wie möglich machen könnt, sucht Eltern, mit denen ihr euch das Hin- und Zurückbringen teilt. Müsst ihr beim Training anwesend sein oder schafft das Kind das auch alleine? Ist der Weg dorthin auch ohne Eltern machbar? Denk daran, was die Experten zum Schulweg sagen: Frische Luft und Bewegung, der Kontakt zu anderen Kindern und etwas Abstand zu den Eltern tun gut, das gilt auch für die Freizeit. Du wiederum hast ein wenig Zeit für dich gewonnen.

Die Sache mit dem Üben

Das richtige Hobby finden Kinder, indem sie verschiedene Dinge ausprobieren. Oft bieten Musikschulen sogenannte Instrumentenkarussells an, bei denen die Kinder verschiedene Instrumente eine Zeit lang ausprobieren können, bevor sie sich entscheiden. Auch beim Sport können die Kinder sich die unterschiedlichsten Trainings anschauen, die Sportart ausprobieren und sich dann überlegen, ob sie dabeibleiben wollen. Normal ist es auch, eine Sportart anzufangen und nach einer Weile zu merken, dass es doch keinen Spaß macht.

Sicher erkennst du schnell, ob dein Kind wirklich keine Freude beim Training oder beim Unterricht hat oder es ihm einfach nur hin und wieder zu anstrengend ist. Dabei muss uns als Eltern klar sein, dass es wirklich schwierig sein kann, nicht nach dem ersten Frust aufzugeben. Schließlich ist das immer der einfachste Weg. Unsere Kinder darin zu bestärken, den inneren Schweinehund zu bekämpfen und an einer Sache dranzubleiben, ist jetzt unsere Aufgabe. Mein Vorschlag lautet, mit dem Kind zu besprechen, wie es weitergeht. Möchte es ein eben erst gewähltes Hobby wieder aufgeben oder könntet ihr euch gemeinsam darauf einigen, noch ein paar Stunden am Ball zu bleiben? „Wie wäre es, du probierst es noch drei Mal / bis das Schulhalbjahr zu Ende ist / bis die Punktekarte aufgebraucht ist / bis ihr ein neues Stück einstudiert habt und entscheidest dich dann?" So hat dein Kind das Gefühl, dass es an der Entscheidung beteiligt ist. Es zum Training zu zwingen bringt nichts und der Frust wird noch größer. Gleichzeitig muss das Kind verstehen, dass die Anschaffung der Ausrüstung, des Instruments oder eines Sportgeräts möglicherweise teuer war. Auch bedeutet es jedes Mal viel Organisationsaufwand für Eltern, einen Verein zu wechseln oder neue Trainingszeiten zu recherchieren. Sprecht darüber, findet gemeinsam eine Lösung, akzeptiere, dass manche Aktivitäten einfach keinen Spaß machen, und motivier das Kind positiv, eine Durststrecke auch mal zu überwinden.

TIPP FÜR DEN ALLTAG

Die Ausstattung für ein Hobby kann sehr teuer sein. Liebt dein Kind zum Beispiel Eishockey, ist der Kauf der Ausstattung eine hohe Investition. Auch Instrumente sind oft sehr kostenintensiv. Informier dich, ob es eine Leih-Möglichkeit gibt und schau immer erst einmal auf Online-Marktplätzen für gebrauchte Sportausrüstung nach.

„Mir ist sooo langweilig!" – Warum Langeweile für Kinder wichtig ist

„Mama, ich weiß nicht, was ich machen soll!" Jimmy steht vor mir und findet absolut nichts, um seine Langeweile zu vertreiben. Ich schlage ihm ein paar Dinge vor, er will davon nichts hören.

Bestimmt kommt es dir bekannt vor, von der Langeweile der Kinder genervt zu sein. Dabei ist Langeweile für Kinder notwendig und gar nichts Schlimmes. Ich reagiere genervt, weil ich mich verantwortlich fühle, meine Kinder zu unterhalten. Dabei muss ich das ja gar nicht tun. Lieber nehme ich mir bewusst die Zeit, um ihnen etwas vorzulesen, einen Kinoabend zu veranstalten oder ein Gesellschaftsspiel mit ihnen zu spielen. Viel zu oft am Tag bin ich beschäftigt, muss den Haushalt auf Vordermann bringen oder kochen. Wenn dein Kind Langweile hat und sich an dich wendet, reagier am besten ganz entspannt und sag dir innerlich, dass Langeweile der beste Ideen-Motor ist. Habe Vertrauen in dein Kind, dass es die Langeweile nutzt und sie auch aushält, um ein besonders tolles Spiel zu entwickeln. Sag ihm das ruhig so: „Ich bin gerade beschäftigt und kann mit dir nichts spielen. Aber ich bin mir sicher, dass du bald eine gute Idee hast, was du tun kannst."

Ist es nicht so, dass auch bei euch die lustigsten Ideen der Langeweile geschuldet sind? Nach ein wenig Gemecker meiner Kinder tritt häufig Stille ein. Komme ich nach einiger Zeit in das Zimmer, haben sie mit den Bauklötzen einen ganzen Zoo oder aus Decken und Matratzen eine Höhle gebaut, oder sie liegen mit einem Bilderbuch auf dem Bett. Habe ich ein nörgelndes Schulkind nach draußen befördert, hat es sich grummelnd zum Sportplatz begeben und dort die Fußball-Partie seines Lebens gespielt.

In die Luft starren tut gut

Übrigens gibt es garantiert einen Grund, warum wir Menschen so oft unseren Tagträumen nachhängen. Das Gehirn macht Pause vom Alltagsprogramm, träumt sich in andere Welten oder läuft eine Runde per Autopilot. Wenn wir immerzu beschäftigt sind, zum Zeitvertreib laufend unser Smartphone herausholen und das Tagträumen verlernen, weil wir ständig auf Sendung sind, kann das nicht gut für unseren Kopf sein. Auch Kinder träumen am Tag, denken sich Abenteuer aus oder machen sich ihre Gedanken über die Welt. Wir sollten ihnen die Zeit dafür geben und ihnen diese paar Jahre gönnen, in denen sie weder von einem Telefonklingeln noch von einer Kurznachricht gestört werden können.

Ideen gegen Langeweile

Wahrscheinlich habt ihr auch einen ganzen Haufen von kleinem Plastikzeug, das sich so ansammelt: Flummis, Autos, Kreisel, Figürchen oder besondere Steine. Du könntest das alles in einem Schuhkarton sammeln, den du erst einmal wegräumst und deinem Kind in dem Moment aushändigst, wenn es ganz schlimme Langeweile hat. Ich wette, es wird sich die nächste Stunde mit all dem Krimskrams beschäftigen, der in dieser Menge eine große Magie entfacht.

Eine andere Idee ist ein kleiner Forscherkasten, den ihr zusammenstellen könnt. Eine Plastikpipette, verschiedenfarbiges Krepppapier und ein kleiner Behälter eignen sich perfekt für Farbexperimente mit Wasser. Oder du packst einen Rucksack mit Kompass, Kindertaschenmesser, Lupe und Insektenbecher und schickst dein Kind auf eine Forschungsexpedition in den Garten.

Außerdem sehen die Kinder in ihrem Zimmer den Wald vor lauter Bäumen nicht. Das heißt, dass oft viel zu viel Spielzeug auf einem

Haufen liegt. Packt doch immer mal wieder Spielsachen in den Keller oder auf den Dachboden. Bei schlimmer Langeweile tauscht ihr vorhandenes Spielzeug gegen etwas aus, das schon länger weggeräumt war. Oft entsteht dann ganz neues Interesse daran.

Keine Ahnung, was die Kinder aus all den Legosteinen bauen sollen? Guckt mal gemeinsam im Internet nach Modellen zum Nachbauen. Wir sind immer ganz erstaunt, was man alles aus den bunten Steinen machen kann und worauf wir nie gekommen wären!

„Du bist nicht mehr meine Freundin!" – Freundschaften knüpfen und Konflikte lösen

Die Türen knallen, ein Mädchen stürmt die Treppe herunter und verlässt wütend unser Haus. Es ist Luises Freundin aus der Nachbarschaft. Offenbar hat es zwischen den Mädchen eine der seltenen Streitereien gegeben. Nach einer Weile kommt Luise herunter und sagt mir Bescheid, dass sie nach ihrer Freundin sieht. Wie gut, dass die meisten Auseinandersetzungen schnell wieder vergessen sind.

Die Wackelzahn-Pubertät ist auch eine wichtige Zeit der ersten Freundschaften. Oft hat sich im letzten Kindergartenjahr ein erster Freund oder eine erste Freundin gefunden, mit denen sich die Kinder besonders gut verstehen, und sie beginnen, sich nachmittags zu verabreden. Die Kinder merken, dass sie sich mit einigen Kindern besser verstehen, andere hingegen weniger gut leiden können. Ich denke, dass diese sozialen Aspekte der Schulzeit mehr Gewicht haben, als wir denken. Für uns Eltern spielt oft eine wichtige Rolle, wie sich das Kind im Rechnen und Lesen schlägt. Dabei findet die Lehrstunde nicht nur im Klassenzimmer, sondern auch auf dem Schulweg, dem Schulflur oder dem Pausenhof statt. Die Erfahrungen dort sind so wichtig, denn wie Kinder miteinander umgehen, wie Freundschaften funktionieren oder wie ein Streit beigelegt werden kann, finden die Kinder am einfachsten selbst heraus. Ein moralischer Zeigefinger hilft selten weiter und vor allem dürfen wir uns nicht in Konflikte einmischen, bei denen wir nicht anwesend waren. Viel eher können wir Eltern uns als Gesprächspartner mit der richtigen Kommunikation (→ „Reden mit kleinen Rebellen“) anbieten oder hilfsbereit sein, wenn sich ein Konflikt nicht alleine lösen lässt (→ „Lieblingsfach? – Große Pause“ im Kapitel „Vor- und Grundschulzeit“).

„Anna ist nicht mehr meine Freundin“

Wie oft kam eines meiner Kinder schon nach Hause und klagte über einen Streit mit dem Freund oder der Freundin. Am besten stellen wir Eltern uns dann die Frage, was uns selbst hilft, wenn wir von einem Konflikt erzählen, der uns wütend oder traurig macht. Richtig guttut, wenn unser Gegenüber einfach zuhört und das hilft garantiert auch deinem Kind. Wenn es in der Schule oder nachmittags Ärger gab und es darüber sprechen möchte, braucht es einen Zuhörer. Mit der Kommunikationsmethode, die ich dir in „Wie wir für unsere Kinder da sein können“ im Kapitel „Bärenstark und selbstbewusst“ erklärt habe, könnt ihr das Gespräch weiterspinnen, ohne dass dein Kind das Gefühl hat, es muss nach deinen moralischen Vorstellungen vorgehen. Manchmal lösen sich Konflikte mit Freunden von selbst und am nächsten Tag ist alles vergessen. Es kann aber auch sein, dass dein Kind mit etwas Abstand merkt, dass es sich entschuldigen möchte. Wenn es sich nicht traut, begleite es dabei, ruf mit ihm zusammen bei dem Freund oder der Freundin an oder geht gemeinsam vorbei. All das sind wertvolle Erfahrungen, die zum Leben dazugehören. Sie tun manchmal weh, aber das bringt das Großwerden mit sich. Wenn dein Kind weiß, dass es zu Hause Eltern hat, die für es da sind, dann meistert es die Konflikte und andere schwierige Situationen sicher viel leichter.

Wenn Gewalt im Spiel ist

Anders sieht es natürlich aus, wenn Gewalt oder Mobbing im Spiel ist. Wird dein Kind gequält, gehauen oder wendet es selbst Gewalt an, sollten wir uns besser einmischen. Dann wäre es eine sinnvolle Maßnahme, Kontakt zu den betreffenden Kindern und deren Eltern aufzunehmen oder auf den Lehrer oder die Lehrerin zuzugehen. Bei Konflikten, bei denen psychische oder physische Gewalt eine Rolle spielt, ist es zu viel erwartet, dass Kinder hiermit alleine klarkommen. Sie brauchen dann unseren Schutz oder die klare Vorgabe, dass Gewalt nicht akzeptabel ist.

MEDIENMÄUSE: UMGANG MIT HANDY, INTERNET UND KONSOLEN

Digitale Medien gehören zu unserem Leben dazu und schaden auch nicht, wenn wir ein paar Regeln beachten. Warum haben Bildschirme so eine Anziehungskraft, wieso fällt es uns allen so schwer, den Aus-Knopf zu drücken und welche Geräte und Spiele eignen sich überhaupt für Kinder in der Wackelzahn-Pubertät? Wir klären hier die wichtigsten Fragen und bekommen Rat von einer Medienexpertin.

„Mama, darf ich das Tablet haben?" – Bildschirme und ihre Anziehungskraft

„Krieg ich mal eben dein Handy?", fragt mich Jimmy. Er liebt es, Fußballergebnisse nachzulesen und schaut dafür in einer App nach. Oskar guckt sich gerne Fotos an und Luise mag es, zu fotografieren. Meine Kinder putzen sich mithilfe einer App die Zähne, lieben Kinderserien im Fernsehen und die Großen könnten stundenlang an der Konsole spielen.

Die Kinder unterscheiden sich in ihrer Faszination für Bildschirme gar nicht viel von uns Erwachsenen. Wir checken stündlich unser Handy oder beschäftigen uns mit dem Tablet, auf dem wir Serien schauen oder die Zeitung online lesen. Wie viel Bedeutung und Zeit die Bildschirme bekommen, hängt von uns als Familie ab, denn die Kinder kriegen ja jeden Tag mit, wie oft wir unser Smartphone zücken oder unseren Kopf hinter einem Computer vergraben. Außerdem kommt es sehr stark darauf an, was wir mit den Geräten machen und wie gut wir darin sind, sie wieder wegzulegen. Der Umgang mit Tablets und Co. lässt sich also am besten durch uns selbst beeinflussen. Außerdem macht es Sinn, mit Kindern in der Wackelzahn-Pubertät über Medienkonsum zu reden und mit ihnen gemeinsam Regeln aufzustellen.

Der optimale Unterhalter

Zunächst einmal ist es logisch, dass Kinder elektronische Geräte toll finden. Was man damit auch alles machen kann, eigentlich fantastisch! Spielchen spielen, spannende Fakten nachlesen, in Erinnerungen schwelgen, sich die Zeit vertreiben und sich einfach mal berieseln lassen – die Möglichkeiten sind grenzenlos. Auch die Auswahl der Streaming-Dienste ist riesig, und YouTube schlägt immer neue Filmchen vor. Wenn ich abends die Kinder in ihr Bett gebracht habe, ist mir auch oft danach, Serien zu gucken und nichts zu tun. Dass es aber entspannender sein kann, ein Buch zu lesen oder draußen einen Spaziergang zu machen, weiß ich aus Erfahrung. Ich weiß auch, dass es schwer ist, einmal mit der Lieblingsserie anzufangen und dann rechtzeitig abzuschalten, damit ich früh genug ins Bett komme. All diese Dinge sind mir bewusst, weil ich genug Erfahrung mit Medien habe, mich selbst einschätzen kann und erkannt habe, dass ich manchmal den inneren Schweinehund überwinden und das Tablet liegen lassen muss, damit es mir am Ende besser geht. All das wissen unsere Kinder noch nicht. Für sie bietet der Bildschirm einfach das optimale Unterhaltungsprogramm.

Alles eine Frage der Menge

Meiner Erfahrung nach sehen wir Medienkonsum manchmal zu negativ. Wie bei vielen anderen Dingen im Leben auch geht wenig Gefahr für die Kinder aus, wenn wir Eltern uns mit den Inhalten beschäftigen, die konsumiert werden, sie auf Tauglichkeit überprüfen und die Bildschirm-Zeit sinnvoll und in Absprache mit den Kindern reglementieren. Genauso wie Kinder einen kleinen Nachtisch nach dem Mittagessen genießen und dann die Packung Gummibären wieder wegpacken, können sie auch mit Freude eine Runde am Tablet zocken, ein digitales Kinderbuch anschauen oder per App Tiere ins Bett bringen.

„Leg das Handy weg, Papa!" – Medienregeln aufstellen

Damit Kinder sich orientieren können und wissen, wann es genug mit dem Spielen ist, stellt ihr die Regeln am besten zusammen auf. Setzt euch wie bei der Familienkonferenz (→ „Familienregeln gemeinsam aufstellen und einhalten: So geht's!") gemeinsam an den Tisch und sprecht darüber. Wie viel würden die Kinder gerne schauen und zu welcher Uhrzeit ist es ihnen besonders wichtig? Welche Spiele machen sie gerne und welche Serien sehen sie am liebsten?

Mein Sohn schlug von sich aus vor, zwei Mal im Monat am Wochenende eine Stunde sein Fußballspiel an der Konsole spielen zu dürfen. Damit war ich sofort einverstanden. Nach dem Abendessen schauen die Kinder für gewöhnlich eine halbe bis Dreiviertelstunde Fernsehen. Meine Tochter meinte, dass sie in der Zeit alternativ auch ihre Lieblings-App auf meinem Handy nutzen und ein Spielchen spielen könnte. So haben wir uns auf unterschiedliche Punkte geeinigt und nur an ein paar wenigen Stellen noch einmal nachverhandelt. Das alles haben wir dann schriftlich festgehalten.

Übrigens finde ich es wichtig, dass auch wir Erwachsenen uns an die Regeln halten. So zeigen wir den Kindern, dass auch wir nicht laufend machen können, wonach uns ist. Also haben wir gleich dazu geschrieben, dass jede Mahlzeit bildschirmfrei bleibt. Auch Mama und Papa müssen ihre Handys ohne Ausnahme weglegen. Außerdem könntet ihr besprechen, ob Geräte im Restaurant beim Warten auf das Essen, auf langen Autofahrten oder in der Arztpraxis erlaubt sind. Das Gute an der gemeinsamen Absprache: Die Kinder fühlen sich gehört und ernst genommen und halten sich dann auch eher an Regeln, die sie selbst mit aufgestellt haben. Unterschreibt eure Medienregeln alle gemeinsam und legt sie an einen bestimmten Platz. Ab und zu könnt ihr sie überarbeiten, verbessern oder erweitern.

TIPP FÜR DEN ALLTAG

Schaut mal gemeinsam unter www.mediennutzungsvertrag.de nach. Hier könnt ihr Regeln auswählen oder eigene Regeln erstellen, Zeiten für die Mediennutzung festlegen, alles abspeichern, ausdrucken und unterschreiben. Ein kleiner Film erklärt euch genau, wie das geht.

„Nur noch eine Folge!" – Wie Kinder es schaffen, den Aus-Knopf zu drücken

„Mama, nur noch eine Folge, es ist gerade so spannend!" Luise möchte sich einfach nicht an unsere Abmachung halten. Sie schaut nun schon eine Stunde Fernsehen und es ist Zeit, auszumachen. Obwohl sie sich sonst an die Regeln hält, klappt es heute gar nicht. Wir müssen aber los, denn die Oma hat uns zum Essen eingeladen. Als ich ärgerlich werde und den Fernseher ausmachen möchte, flippt Luise völlig aus und brüllt los.

Auch wenn wir mit den Kinder Medien-Verträge abschließen, kommt es doch immer wieder zu Szenen wie diesen. Es wäre ja auch zu einfach: Nur die Tipps befolgen, die ich hier in diesem Buch beschreibe und schon läuft das Familienleben harmonisch. Leider geht es nicht so leicht. Es hilft aber zu wissen, warum Kinder so reagieren, denn das Thema Mediennutzung und -konsum ist nicht ohne Grund bei so vielen ein Dauerbrenner und führt in der Tat oft zu Ärger und Streit.

Warum Kinder aggressiv reagieren

Ich finde die richtigen Antworten im Elternblog „Das gewünschteste Wunschkind treibt mich in den Wahnsinn“ von Katja Seide und Danielle Graf. Die Autorinnen erklären nämlich, was in unserem Gehirn vor sich geht, wenn wir Medien konsumieren. Dort befindet sich der präfrontale Kortex, der unsere Impulse steuert. Er ist außerdem zuständig für unsere Aufmerksamkeitsfokussierung, die soziale Intelligenz und die Planung der Zukunft, heißt es auf dem Blog „Das gewünschteste Wunschkind“ im Artikel „Welche Auswirkungen haben Computerspiele, Konsolen und Apps auf das Gehirn von Kindern“. Bei uns Erwachsenen ist dieser Teil des Gehirns ausgereift, für gewöhnlich können wir unsere Impulse ganz gut steuern. Bei den Kindern entwickelt sich der präfrontale Kortex erst noch, seine neuronalen Bahnen müssen einige Jahre lang durch positive Erfahrungen, authentische Reaktionen der Mitmenschen und Ursache-Wirkungs-Experimente geprägt werden, heißt es im Online-Artikel auf dem Wunschkind-Blog.

Übermäßiger Medienkonsum führt nun dazu, dass das „faule Basissystem“ des Gehirns zum Einsatz kommt und der präfrontale Kortex, ob komplett ausgebildet oder nicht, in den Ruhemodus fährt. Meine Tochter hat in meinem Beispiel ziemlich lange ferngesehen, ihr Hirn läuft sozusagen auf Stand-by. Ihr präfrontaler Kortex arbeitet sonst ihrem Alter entsprechend ganz gut, sie kann sich zum Beispiel gedulden, wenn sie die leckeren Gummibären erst nach dem

Mittagessen verspeisen soll. Aber nun liegt er eine Stunde lahm. Wir haben zwar besprochen, dass sie nach einer Stunde ausmacht, weil wir zur Oma wollen, aber sie reagiert mit Aggression. Es ärgert sie, dass ich sie an die Abmachung erinnere und sie den Fernseher ausmachen soll, obwohl es gerade spannend ist. Meine Aufforderung ist Stress für sie, denn wir Menschen reagieren auf Ärger mit dem Impuls, zurückzuschlagen und verbal ausfällig zu werden, erklären Katja Seide und Danielle Graf vom Wunschkind-Blog (→ den Link findest du im Anhang unter „Internetseiten für Eltern“). Der präfrontale Kortex, der diesen Impuls reguliert, ist bei Luise wie gesagt im Stand-by-Modus und so schreit sie heraus, was sie denkt. Alles, was sie will, ist einfach weiter fernsehen, am besten stundenlang.

Ärger rund um Medien vermeiden

Dieses Wissen über den Vorgang im Kinderhirn hilft uns, die Reaktion besser einschätzen und verstehen zu können. Vielleicht merken wir mit der Zeit, wie lange Kinder Fernsehen schauen oder Computerspiele spielen können, ohne dass sie dabei komplett in den Stand-by-Modus fahren. Für Luise ist eine Stunde Fernsehen am Stück einfach zu viel. Übrigens ist es sehr sinnvoll, die Kinder selbst ausschalten zu lassen, und das können wir mit ihnen von klein auf üben. Selbst das Gerät auszuschalten gibt den Kindern ein Gefühl der Kontrolle, denn wenn jemand anderes für sie ausschaltet, fühlen sie sich völlig fremdbestimmt. Manchmal müssen wir die Kinder ein paar Mal bitten oder sie an die Absprache erinnern. Außerdem ist es oft besser, sich anstelle einer bestimmten Zeitspanne lieber auf ein Computerspiellevel oder eine Anzahl von Serienfolgen zu einigen.

Bei uns zu Hause läuft das nun so: Die sechsjährige Luise schaut am liebsten stundenlang, aber wird dann extrem wütend, wenn sie den Aus-Knopf betätigen muss. Also einigen wir uns auf eine bestimmte Folgenzahl ihrer Lieblingsserie und versuchen, dabei eine Zeitdauer von 45 Minuten nicht zu überschreiten. Jimmy ist etwas älter und hat sich ein wenig besser im Griff. Mit ihm habe ich folgende Lösung gefunden: Er darf gerne sein Lieblingsspiel auf der Konsole spielen, aber er muss vorher die doppelte Zeit an der frischen Luft gewesen sein. Die Gründe dafür habe ich ihm genau erklärt. Kinder spüren einen natürlichen Drang, zu spielen und Abenteuer zu erleben. Sie machen Rollenspiele, entdecken die Natur, spielen ein Fußballturnier oder erleben ein kleines Abenteuer im Garten hinterm Haus. Dabei lernen Kinder wichtige Fähigkeiten und entwickeln Kompetenzen, außerdem bekommen sie Sonnenlicht ab und können ihre Augenmuskeln trainieren, indem sie sowohl in die Nähe als auch in die Ferne schauen müssen. Den Abenteuerdrang, der in der Natur des Menschen liegt, können sie im Prinzip auch mit der Konsole ausleben. Aber die Kompetenz-Entwicklung ist dabei in dieser Form nicht gegeben, auch wenn sie ihre Reaktion und ihre Fingergeschicklichkeit verbessern. Kinder müssen raus und spielen, das ist genauso wichtig wie essen und schlafen. Bleibt dann noch Zeit, ist eine Runde an der Konsole kein Problem und schadet nicht. Jimmy hat das ganz gut verstanden und hält sich daran.

„Zum Geburtstag wünsche ich mir eine Konsole!" – Der richtige Einstieg in die Medienwelt

Mama, ich möchte eine eigene Konsole! Jimmy erzählte mir vor ein paar Wochen täglich von seinem Wunsch und hatte natürlich das typische Kinder-Argument parat: Alle andere haben auch eine. Das stimmt zwar nicht so ganz, aber tatsächlich haben viele seiner Freunde ein eigenes Gerät. Ich bin skeptisch und denke dann aber an früher. Meine Eltern haben mir einen eigenen Gameboy verboten. Daraufhin habe ich mir einen ausgeliehen und nächtelang unter der Decke gespielt. Soll ich Jimmys Wunsch also nachgeben?

Die Vielfalt der digitalen Medien ist mittlerweile riesig und unsere Kinder bekommen das auch mit. Sie sehen uns und andere Kinder am Handy, wissen die Auswahl von Streaming-Diensten zu schätzen, haben erlebt, wie viel Spaß Spiele an der Konsole machen und kennen massenweise lustige Apps. Wie gehen wir zu Hause damit um, wann ist der richtige Zeitpunkt gekommen, um dem Kind ein eigenes Gerät zu kaufen, und welches ist überhaupt das richtige? Bevor du am Ende dieses Kapitels professionellen Rat von einer Medienexpertin bekommst, erzähle ich dir mal, wie wir es gelöst haben. Dabei kann so ein Weg immer nur einer von vielen sein und Eltern müssen sich selbst überlegen, wie sie mit den digitalen Medien umgehen. Am Ende ist es wichtig, dass ihr euch mit eurem Kind einig werdet und eine Regelung findet, die für alle in Ordnung ist.

Tatsächlich hat Jimmy mittlerweile ein eigenes Gerät. Er ist acht Jahre alt und liebt Fußball- oder Jump-and-Run-Spiele. Ein eigenes Handy hat er nicht, das soll er frühestens in der fünften Klasse bekommen. Die ersten Schritte im Netz hat er bereits gemacht. Wir haben eine kleine Liste mit Seiten, auf denen er in meiner Anwesenheit surfen darf. Alleine ist er nicht unterwegs, und er benutzt auch noch keine Suchmaschinen, was ich ihm aber nächstes Jahr zeigen möchte. Ich werde ihn noch weiterhin im Internet begleiten, damit er mit elf, zwölf Jahren hoffentlich ganz gut alleine unterwegs ist. Im Anhang findest du übrigens eine →Liste mit schönen Internetseiten für Kinder. Hier könnt ihr euch ja mal gemeinsam umschauen.

Ab und zu bekommt Jimmy mein Handy. Dort darf er die App seines Lieblings-Fußballvereins anschauen oder in einer anderen App Kinderserien gucken. Auch eine Hörspiel-App ist darauf. Wir besprechen dann, welche Serie er schauen will und einigen uns auf eine Folgenanzahl.

Wir haben außerdem eine uralte Konsole, auf der er mal in den Ferien oder am Wochenende ein Fußballspiel spielt und seit Neuestem eine kleine Konsole für unterwegs, die er sich gewünscht hat. Die darf er benutzen, während die kleineren Geschwister abends fernsehen oder wenn er lange draußen war. Ab und zu nehmen wir sie auf eine Reise mit und besprechen vorher immer, wie und wann er sie nutzt. Für die Konsole haben wir ein paar Spiele, die seinem Alter entsprechen. Auch Luise mit ihren sechs Jahren darf die kleine Konsole benutzen. Ihr wird das aber schnell langweilig und sie guckt lieber eine Kinderserie.

TIPP FÜR DEN ALLTAG

Toll sind übrigens Spielzeuge oder Bücher, die den Kindern das Programmieren beibringen. So kommen sie gemeinsam mit den Eltern mit Smartphone und den entsprechenden Apps dafür in Kontakt und erleben hautnah, wie sinnvoll die neuen Medien sein können. Einen Buchtipp dazu findest du im → Anhang.

„Die wollen doch nur spielen" – Gefahren kennen und Kinder im Netz schützen

Meine Kinder schauen Videos auf YouTube an, in denen mit kleinen Püppchen lustige Szenen nachgespielt werden. Auf einmal dreht sich die Szene auffällig intensiv um den Toilettengang und es fallen ein paar intime Begriffe. Mir kommt das Ganze komisch vor und ich recherchiere. Tatsächlich gibt es Filme, die sich als kindertauglich tarnen, in denen es aber bewusst um sexuelle Handlungen geht.

Das Internet ist für uns Erwachsene ein Ort, an dem wir uns gut auskennen. Für Kinder gibt es dort allerdings eine Menge Inhalte, die für sie nicht geeignet sind. Das Wichtigste ist daher die Aufklärung. Möchte dein Kind die ersten Schritte im Netz machen, solltest du es begleiten und ihm erklären, dass hier eine Menge Stolperfallen lauern. Je besser es das in den letzten Jahren der Wackelzahn-Pubertät lernt, desto sicherer ist es später in der Pubertät, wenn es ein eigenes Smartphone benutzt. Du musst es dir ein wenig wie mit dem Straßenverkehr vorstellen. Niemals würden wir unsere Kinder alleine durch die Stadt marschieren lassen, wenn wir vorher nicht mit ihnen geübt hätten, über die Straße zu gehen, eine Ampel zu benutzen und auf die Verkehrsregeln zu achten. Anfangs begleiten wir sie im Straßenverkehr, bringen ihnen alles Nötige bei. Später gehen sie ihren ersten Weg alleine, wenn wir uns darauf verlassen können, dass sie auf sich achten. Genauso ist es im Internet.

YouTube

Wusstest du zum Beispiel, dass es bei YouTube Serien gibt, die die Kinder kennen, die aber von böswilligen Menschen nachsynchronisiert wurden? Daher sind Filme auf YouTube mit Vorsicht zu genießen. Leider kann wohl auch die Kinderversion von YouTube die nachsynchronisierten Serien nicht herausfiltern und Eltern wiegen sich deshalb in falscher Sicherheit. Darüber hinaus werden die Kinder in der kostenlosen Variante mit Werbung überhäuft.

Pornografie und Chatrooms

Pornografie im Netz ist eine weitere Stolperfalle. Es ist wichtig, den Kindern davon zu erzählen und sie darauf hinzuweisen, dass sie solche Inhalte nicht sehen dürfen, sich aber andere Menschen einen Spaß daraus machen, Kinder damit zu erschrecken.

Auch Chatrooms können gefährlich sein. Ältere Kinder oder Erwachsene nutzen diese Möglichkeit, um mit Kindern zu chatten und sich ihr Vertrauen zu erschleichen. Sprich am besten mit deinem Kind darüber und guck dir die Kinderchats an. Vereinbart Sicherheitsregeln und prüf die Altersangaben. Sehr viele Chats sind sowieso erst für ältere Kinder erlaubt. Bleib mit deinem Kind im Gespräch, lass es erzählen und frag interessiert nach, das gilt vor allem später für die Pubertät.

Kettenbriefe

Unter Grundschülern geistern elektronische Kettenbriefe herum. Öffnen die Kinder diese Kettenbriefe, erscheinen gruselige Gestalten, die Drohungen aussprechen und ihnen massiv Angst machen. Das ist übrigens ein weiterer Grund, gut über den richtigen Zeitpunkt für das erste eigene Smartphone nachzudenken. Sollte dein Kind eines haben, weise es am besten darauf hin, dass es solche Kettenbriefe gibt und es immer zu dir kommen kann, wenn es komische Inhalte geschickt bekommt. Droh ihm keinesfalls damit, das Gerät wegzunehmen, denn dann wird dein Kind in einer Notsituation vielleicht nicht auf dich zukommen aus Angst, dann auf das Gerät verzichten zu müssen. Diese gruseligen Kettenbriefe zielen darauf ab, dass Kinder den Eltern nichts verraten und es wird damit gedroht, dass ein Familienmitglied ums Leben kommen wird. Das Kind ist dann mit seinen Ängsten alleine und fürchtet um sein oder dein Leben. Am besten schützt du es, indem ihr euer Vertrauen zueinander aufrecht haltet und es weiß, dass es immer zu dir kommen kann.

TIPP FÜR DEN ALLTAG

Damit euer Computer für das Kind sicher ist, nutzt eine kindgerechte Startseite wie www.meinestartseite.de und einen Kinderschutzfilter. Den findest du unter www.klicksafe.de/jugendschutzfilter oder www.surfen-ohne-risiko.net/pc

In vielen Büchereien gibt es für Kinder ab etwa acht Jahren die Möglichkeit, einen Internet-Führerschein zu machen.

Knifflige Frage: Mein Kind spielt bei seinem Kumpel stundenlang Computer

Ihr habt zu Hause sorgsam Regeln für den digitalen Medienkonsum aufgestellt und dein Kind ist einverstanden. Nun hat es aber einen Freund, der eine eigene Konsole im Zimmer hat und die Erlaubnis, unbegrenzt zu zocken. Klar, dass dein Kind die Nachmittage nun am liebsten bei dem Kumpel verbringt. Wir können das ja verstehen, aber so richtig gefällt es uns nicht, dass das Kind nun stundenlang Spiele spielt, die wir nicht einmal kennen. Das Beste wird sein, du fragst mal interessiert nach, was die Kinder dort so machen. Sind es Spiele, die dem Alter entsprechen, wird der eine oder andere verzockte Nachmittag sicher keinen Schaden anrichten. Die Treffen zu verbieten geht sicher nach hinten los, denn es geht hier ja auch um eine Kinderfreundschaft, die wir respektieren sollten.

Eine gute Kommunikation ist wie bei so vielen Themen das Wichtigste. Erzähl deinem Kind, dass du Sorge um seine Gesundheit hast, wenn es stundenlang vor der Konsole sitzt und womöglich Inhalte sieht, die nicht seinem Alter entsprechen. Könnt ihr euch darauf einigen, den Freund oder die Freundin auch mal zu euch einzuladen? Oder schlag vor, dass sie sich abwechselnd bei ihm, bei euch und auf dem Sportplatz treffen können. Das Gleiche gilt natürlich für Mädchen. Sie zocken oft ebenso gerne oder schauen stundenlang Videos im Netz, die du selbst für ungeeignet hältst. Dabei sehen sie sehr viel sexistische Werbung, die auf Mädchen zugeschnitten ist und fragwürdige Rollenbilder vermittelt. Erkläre deinem Sohn oder deiner Tochter, was für dich tabu ist (Surfen im Netz, alleine YouTube schauen, spannende Filme, gewaltverherrlichende Apps ...). Am Ende müssen wir den Kindern vertrauen, dass sie sich auch außerhalb von zu Hause an die Regeln halten. Das ist vermutlich ein gutes Training für die Jahre der Pubertät.

Experteninterview: So begleiten Eltern ihre Kinder sicher durchs Netz

Medienexpertin Patricia Cammarata ist eine der bekanntesten Elternbloggerinnen und schreibt auf dasnuf.de über Familienthemen, Privatheit im Netz, digitale Medien und Gleichberechtigung. Mittlerweile ist ein Buch von ihr über Kinder und die digitalen Medien erschienen: „Dreißig Minuten, dann ist aber Schluss! Mit Kindern tiefenentspannt durch den Mediendschungel." Außerdem hält sie Vorträge für Eltern und ist genau die richtige Expertin für meine Fragen.

Findest du, dass digitale Medien in den Alltag von Grund- und Vorschulkindern gehören?

Patricia Cammarata: Ja, auf jeden Fall! Da die Digitalisierung so weit vorangeschritten ist, ist es eine Erziehungsaufgabe, den Kindern frühzeitig beizubringen, mit den Technologien umzugehen und sich in Netzwerken zurechtzufinden. Dabei ist das Ziel, ein grundsätzliches Verständnis für die Medienwelt zu vermitteln und mündige Menschen zu erziehen, die sich mit den modernen Technologien auskennen.

Was ist deiner Meinung nach ein guter Start in die Medienwelt?

Patricia Cammarata: Im Idealfall soll der Start immer begleitet werden, aber im Alltag ist das nicht immer zu schaffen. Wir haben zu Hause nach kontrollierbaren Lösungen gesucht und uns für Streaming-Dienste entschieden, da dort keine Werbung läuft. Es gibt Serien extra für Kinder, die sich Eltern erst einmal mit anschauen können. Außerdem besteht dort nicht die Gefahr, dass Serienfolgen falsch und jugendgefährdend nachsynchronisiert sind, wie zum Beispiel auf YouTube. Wenn man weiß, dass die Serien dem Alter entsprechen, kann man die Kinder damit auch mal alleine lassen.

Im Laufe der Wackelzahn-Pubertät wollen die Kinder immer eigenständiger werden. Bis dahin müssen sie wissen, wie sie mit den digitalen Medien umgehen. Eltern sollten mit Kindern über verschiedene Themen sprechen. Zum Beispiel: „Was machst du denn, wenn du im Internet etwas siehst, das dir Angst macht? Du kannst dann einfach ausmachen oder die Hand darauf halten."

Bei meiner Buchrecherche stieß ich auch auf das Thema Pornografie. Mit acht, neun oder zehn Jahren suchen Kinder eher nicht danach, aber ältere Kinder zeigen es ihnen eventuell auf dem Schulhof, um sie zu erschrecken. Auch hier müssen wir Eltern mit unserem Kind ins Gespräch kommen und ihnen erklären, dass es solche Inhalte gibt, diese aber völlig ungeeignet für sie sind. Es ist so wichtig, die Kinder darin zu bestärken, „Nein" zu sagen, wenn sie so etwas gezeigt bekommen, wegzugehen und den Eltern davon zu erzählen.

Also müssen wir Eltern uns auch damit beschäftigen, welche digitalen Medien die Kinder nutzen und was sie interessiert?

Patricia Cammarata: Klar müssen Eltern nicht jede Serie mitgucken, aber stichprobenartig hinschauen macht Sinn. Eine gute Lösung ist es auch, die Kinder zu fragen, was sie schauen. „Erzähl doch mal, um was es da so geht!"

Auf keinen Fall sollten Eltern die Dinge, für die sich die Kinder interessieren, runtermachen oder so etwas sagen wie „Was ist denn das für ein Unsinn, mach doch mal was Anständiges!" Wenn das für mein Kind eben gerade wichtig ist, dann höre ich mir auch an, um was es geht und halte mich mit Abwertungen zurück. Denn auf lange Zeit führt das sonst dazu, dass die Kinder nichts mehr erzählen. Bei Elternabenden mit Eltern von pubertierenden Kindern höre ich oft, wie verzweifelt sie sind, weil sie nicht mehr Teil der Kinderwelt sind und nicht wissen, was ihre Kinder den ganzen Tag am Computer machen. Dann denk ich mir oft, dass das Problem sicher schon vorher da war und die Eltern früher mit den Augen gerollt haben, wenn die Kinder am Abendbrottisch erzählen wollten, was sie geguckt oder gespielt haben.

Indem wir dem Kind aber zuhören und erfahren, was es da macht und wie es mit den Medien umgeht, erleben wir es als kompetent und entwickeln Vertrauen. Wenn wir jetzt im Alter der Wackelzahn-Pubertät eine gute Grundlage schaffen, dann wissen wir vielleicht später nicht im Detail, was unsere Kinder am Computer und im Netz genau tun, aber wir wissen, dass sie sich auskennen und sich richtig verhalten.

Wie lange sollten Kinder vor dem Bildschirm sitzen dürfen und wie lernen sie, den Aus-Knopf zu betätigen? Hast du da Alltagstipps?

Patricia Cammarata: Wir versuchen zu Hause keine festen Zeiten für die Mediennutzung zu vereinbaren, sondern sprechen lieber darüber, wie viel Zeit wir überhaupt haben und was alles gemacht werden muss. Hausaufgaben, Haushalt, Familienzeit – das geht alles vor. Dann bleibt noch eine bestimmte Zeit, in der digitale Medien genutzt werden können. Unter der Woche ist die Zeit knapp, am Wochenende sieht das anders aus. Außerdem haben wir Einzelregelungen, wenn zum Beispiel ein Kind lange darauf gewartet hat, dass ein bestimmtes Spiel rauskommt, dann darf es auch mal zwei Stunden spielen, wenn es das Spiel das erste Mal in den Händen hält. Das Gefühl von Mangel und Kontrolle durch die Eltern ist nicht so groß, wenn man gemeinsam darüber spricht und zusammen Lösungen findet.

Katja Seide hat ja erklärt, dass es einen physiologischen Grund gibt, dass ein Kind in dem Alter Schwierigkeiten hat, den Aus-Knopf zu drücken und es dann manchmal aggressiv reagiert. Dass man das weiß, ist erleichternd, finde ich. Zehn Minuten vor dem Ausschalten könnten Eltern Bescheid geben, damit das Kind die Möglichkeit hat, aus dem Flow aufzutauchen. Wann sind gute Ausstiegspunkte, wann ist ein Level zu Ende? Wenn das Kind nicht im Höhepunkt der Spannung aufhören muss, die Serie zu schauen oder das Spiel zu spielen, klappt das Ausmachen viel besser.

Hast du Empfehlungen, ab wann welches digitale Medium geeignet ist?

Patricia Cammarata: Das hängt stark von der Entwicklung des Kindes ab und auch davon, wie sich Eltern wohlfühlen. Mir persönlich ist eine Konsole lieber als eine App auf dem Handy. Man gibt dabei einmal Geld aus und kennt das Spiel, kann sich auch genauer über den Inhalt informieren. Bei einer App gibt es die In-App-Käufe. Manchmal wird Werbung eingeblendet oder es ist eine Chat-Funktion enthalten. Die Konsole ist dagegen ein abgeschlossenes System, wenn sie nicht mit dem Internet verbunden ist. Generell finde ich die 3-6-9-12-Regel ganz gut. Das bedeutet: keine digitalen Medien, bevor ein Kind drei Jahre alt geworden ist, keine eigene Spielekonsole unter sechs Jahren, kein eigenes Handy unter neun Jahren und erst mit zwölf Jahren alleine ins Netz.

Hast du darüber hinaus Tipps für Eltern und ihre Kinder, was die digitalen Medien angeht?

Patricia Cammarata: Mein Tipp ist immer, in dieser Phase, in der die Kinder so offen und fröhlich sind, etwas mit ihnen gemeinsam zu machen. Es gibt Eltern-Kind-Kurse für Spiele wie Minecraft, für das sich viele Grundschüler interessieren. Wenn mir als Erwachsene ein Thema total fremd erscheint, kann ich es zusammen mit meinem Kind erobern, einen Einstieg in das Thema finden und so auch gleich Zeit mit ihm verbringen.

NACHWORT

Viel Spaß mit deinem wunderbaren Kind!

Wir sind an das Ende des Buches gekommen und ich hoffe, du hast viele Tipps erhalten, die nützlich sind. Ich hoffe aber vor allem, dass ich dir noch einmal große Lust auf diese schöne Zeit mit deinem Kind machen konnte. Wenn wir unsere Kinder im Wackelzahn-Alter verstehen lernen und ihr Verhalten deuten können, lebt es sich nämlich viel leichter. Du hast vielleicht erkannt, warum dein Kind manchmal so wütend oder verstört ist, denn es könnte gut sein, dass es von all den Veränderungen ganz schön überrollt wird. Groß werden ist toll und macht Kindern Spaß, aber es macht ihnen verständlicherweise auch Sorgen: „Schaffe ich das alleine und was ist, wenn nicht? Darf ich dann wieder klein sein und mir Trost bei meinen Eltern suchen?"

Unsere Kinder fragen sich vor der Einschulung bestimmt, ob sie Freunde finden und sich auf- und angenommen fühlen werden. Kein Kind mag alleine sein. Werden all die Menschen, die ihnen in den nächsten Jahren begegnen, sie so nehmen, wie sie sind?

Die Sorgen werden kleiner, wenn wir genau das tun: unsere Kinder in ihrem Wesen annehmen, ihnen Mut machen, sie ernst nehmen, ihnen Verständnis entgegenbringen, und wenn wir sie wirklich und ernsthaft verstehen möchten.

Daher liegt mir auch das erste Kapitel über die Kommunikation sehr am Herzen, denn es ist für mich die Grundlage für das Zusammenleben mit unseren Kindern. Siehst du dein Kind und hörst du ihm richtig zu, beziehst du seine Wünsche in eure Entscheidungsprozesse mit ein? Wenn du dir selbst diese Fragen immer wieder stellst, kann nichts schiefgehen, da bin ich mir sicher.

Ich hoffe, dass ich dir auch zeigen konnte, dass wir Eltern uns oft sehr große Sorgen machen und sie ab und zu vielleicht unnötig sind. Sie sind aber da, und wir sollten uns mit ihnen beschäftigen. Lass uns unsere Sorgen nicht auf die Kinder übertragen, sondern sie reflektieren und für uns selbst bearbeiten. Unsere Kinder brauchen starke Schultern, an die sie sich anlehnen können und Eltern, die ihnen viel Mut machen für diese aufregende Zeit. Unsere Sorgen haben oft viel mehr mit uns selbst als mit den Kindern zu tun, das wusste schon der Familientherapeut Jesper Juul. Er hielt Kinder immer schon auf ihre Weise für kompetent und war strikt dagegen, sie als unfertige Menschen zu betrachten. Aber sie brauchen in diesem Alter unsere Führung für zwischenmenschliche Prozesse. Dein Kind kannst du vor allem führen durch dein gutes Vorbild.

Dein Kind ist nun kein Kleinkind mehr und nicht mehr lange, dann steht die Pubertät vor der Tür. Auch das wird eine spannende Phase, denn dann werden unsere Kinder hormonell kräftig durchgewirbelt. Ich bin mir sicher, dass wir auch diese Zeit gemeinsam meistern werden, wenn wir jetzt in der Wackelzahn-Pubertät die Weichen stellen. Medienkompetenz, ein gesundes Verhältnis zur eigenen Sexualität, ein vertrauensvoller Umgang miteinander und eine Kommunikation auf Augenhöhe sind für mich beste Voraussetzungen dazu.

Noch eines möchte ich dir auf den Weg geben: Wir Eltern machen immer wieder Fehler und das ist ganz normal und in Ordnung so. Wir sind keine Maschinen, sondern haben auch mal einen schlechten Tag, sind genervt und ungeduldig. Sei gnädig mit dir selbst und ruf dir in Erinnerung, dass das Leben mit Kindern auch mal sehr anstrengend sein kann. Wir möchten alle mit unseren Söhnen und Töchtern gut umgehen und geben jeden Tag unser Bestes. Dass das nicht immer gelingt, ist logisch. Aber wenn wir einen inneren Kompass mit Werten haben, können wir unser Verhalten reflektieren und die Richtung noch einmal neu justieren.

Nun aber wünsche ich dir und deiner Familie viel Spaß im Hier und Jetzt, gute Nerven für langwierige Diskussionen mit deinem Wackelzahn-Rebell oder deiner Wackelzahn-Rebellin und vor allem ganz viel Freude mit deinem wunderbaren Kind!

Deine Laura

Danksagung

Ein Buch ist niemals nur das Werk einer einzelnen Person und daher möchte ich hier laut und fröhlich „Danke“ rufen:

Wahnsinn, dass es euch gibt, ihr drei Lieben! Ohne euch, meine Kinder, hätte ich dieses Buch nicht schreiben können, denn erst durch das Leben mit euch habe ich das alles hier gelernt. Ihr zeigt mir jeden Tag, was wirklich wichtig ist und ich nehme mir ein Beispiel. Lachen, den Moment genießen, zusammen sein und Liebe verteilen – das macht ihr so grandios und ich danke euch, dass ihr da seid und dass ich eure Mama sein darf.

Danke sagen möchte ich dir, meinem Lieblingsmenschen, denn ohne dich wäre das alles nicht möglich. Deine Geduld, deine Liebe, dein Trost und deine Ermutigungen bestärken mich bei jedem Schritt, den ich im Leben gehe. Muttersein ist für mich nicht so einfach und ich kann nur deshalb mein Bestes geben, weil du an meiner Seite bist. Danke, dass du mich bei meiner Arbeit unterstützt, die für mich so wichtig ist wie die Luft zum Atmen.

Danke, liebe Schwester, für kontroverse Diskussionen und dafür, dass du die beste Tante der Welt bist. Danke für deine Liebe für die Kinder und die vielen Tausend Stunden, die du dich ihnen widmest.

Danke, liebe Eltern, auf die wir immer zählen können. Wenn hier mal wieder die Welt untergeht, Magen-Darm-Viren um sich greifen oder die Nerven blank liegen, seid ihr hier mit einer Tasche voll Mittagessen. Um Kinder zu erziehen, braucht es ein Dorf und vor allem Großeltern wie euch!

Danke an all die tollen Expertinnen und tollen Experten, die hier zu Wort kommen und mit ihrem Wissen dieses Buch bereichern.

Danke auch an die Internet-Community, danke an meine Leserinnen und Leser und an alle, mit denen ich im Internet vernetzt bin. Meine Arbeit ist ohne euch nicht möglich, und auch dieses Buch wäre ohne meinen Blog nicht auf den Weg gekommen.

Natürlich gilt mein Dank auch Ulla Nedebock und Lisa Harmann, die den Kontakt zum Verlag herstellten und damit an den entsprechenden Schrauben drehten, damit ich mein erstes Buch schreiben konnte. Ebenso dem unglaublich sympathischen Programmleiter des Verlages, mit dem die Arbeit am Buch richtig viel Spaß machte sowie Dank an meine Lektorin Berit Barth, die meinen Worten so wunderbar den Feinschliff verpasst hat.

ANHANG

Heute ist Musik. Lauras Müttersprechstunde

Hier findest du die Links zu meinem Blog und meinen Social-Media-Kanälen:
www.heuteistmusik.de
www.facebook.com/heuteistmusik
www.instagram.com/heuteistmusiklaura
www.pinterest.com/heuteistmusik
www.twitter.com/laura_bloggt

Kinderbücher ohne Geschlechter-Stereotypen

Bücher für Kinder von 3 bis 6 Jahren

Stefan Gemmel: Du bist richtig, wie du bist, Carl Auer Verlag 2016, ab 3 Jahren

Olga de Dios: Rosa Monster, àbac Verlag 2018, für 4 bis 6 Jahre

Sebastian Meschenmoser: Rotkäppchen hat keine Lust, Thienemann Verlag 2016, für 4 bis 6 Jahre

Erwin Moser: Der karierte Uhu: Gute-Nacht-Geschichten. Mit vielen farbigen Bildern, Beltz & Gelberg 2017, für 4 bis 6 Jahre

Andreas H. Schmachtl: Snöfrid aus dem Wiesental, Arena Verlag 2016, für 4 bis 6 Jahre.

Bücher für Kinder ab 5 Jahren

Ben Brooks: Stories for Kids Who Dare to be Different – Vom Mut, anders zu sein, Loewe Verlag 2019

Mikel Casal: Meine ganz (außer) gewöhnlichen Nachbarn, Prestel Verlag 2019

Alexandra Maxeiner: Alles Familie! Vom Kind der neuen Freundin vom Bruder von Papas früherer Frau und anderen Verwandten, Klett Kinderbuch 2013

Rita Macedo: Unsa Haus und andere Geschichten, edition assemblage 2017, für 5 bis 7 Jahre

Manuela Olten: Echte Kerle. Miniausgabe, Beltz & Gelberg 2018, für 5 bis 7 Jahre

Ralph Caspers: Wenn Riesen reisen: Neue fantastische Geschichten, Thienemann Verlag 2019, für 5 bis 10 Jahre

Bücher für Kinder von 6 bis 8 Jahren

Carolin Jelden: Die Hügelflitzer. Aus der Bahn, hier kommen wir!, Ellermann Verlag 2018

Claire A Nivola: Das blaue Herz des Planeten. Die Geschichte einer Meeresforscherin: Sylvia Earle, Verlag Freies Geistesleben 2016

Sarah Michaela Orlovský: Geschichten von Jana, Tyrolia Verlag 2015

Markus Orths und Kerstin Meyer: Das Zebra unterm Bett, Moritz Verlag 2015

Fiona Robinson: Ada Lovelace und der erste Computer, Knesebeck 2017

Bücher für Kinder von 8 bis 10 Jahren

Raphaële Frier: Malala. Für die Rechte der Mädchen, Knesebeck Verlag 2017

Cornelia Funke: Keine Kekse für Kobolde, Fischer Verlag 2010

Silke Lambeck und Barbara Jung: Mein Freund Otto, das wilde Leben und ich, Gerstenberg Verlag 2018

Maurizio Onano: Alles rosa, Jaja Verlag 2017

Rieke Patwardhan, Regina Kehn: Forschungsgruppe Erbsensuppe oder wie wir Omas großem Geheimnis auf die Spur kamen. (Ein Kinderbuch über Integration, Migration und Freundschaft), Knesebeck Verlag 2019

Adam Stower: König Guu, Aladin Verlag 2018

Margit Auer: Die Schule der magischen Tiere, Carlsen Verlag 2015, für 8 bis 11 Jahre

Bücher für Kinder zum Thema Aufklärung

Doris Rübel: Woher die kleinen Kinder kommen (Wieso? Weshalb? Warum?, Band 13), Ravensburger Buchverlag 2001, für 4 bis 7 Jahre

Doris Rübel: Wir entdecken unseren Körper (Wieso? Weshalb? Warum?, Band 1), Ravensburger Buchverlag 2012, 4 bis 7 Jahre

Sanderijn van der Doef, Marian Latour: Vom Liebhaben und Kinderkriegen. Mein erstes Aufklärungsbuch, Ueberreuter Verlag 2015, für 5 bis 7 Jahre

Dagmar Geisler: Mein erstes Aufklärungsbuch. Aufklärung für Kinder ab 5, Loewe Verlag 2012, für 5 bis 7 Jahre.

Grethe Fagerström: Peter, Ida und Minimum. Familie Lindström bekommt ein Baby, Ravensburger Buchverlag 1979, für 6 bis 10 Jahre

Bücher für Kinder zum Thema Programmieren

Dr. Diana Knodel, Dr. Philipp Knodel, Jan Radermacher: Einfach Programmieren für Kinder, Carlsen Verlag 2017, für 8 bis 10 Jahre

Max Wainewright, Mike Henson: 20 Spiele mit Scratch™, Ullmann Medien 2017, für 7 bis 9 Jahre

Gesellschaftsspiele für Familien

Halli Galli, Amigo Verlag, ab 5 Jahren
Sagaland, Ravensburger, ab 6 Jahren
Lama, Amigo Verlag, ab 8 Jahren
Ubongo, Kosmos Verlag, ab 8 Jahren

Filme für Familien-Filmabende

Ab 5 Jahren

Die drei Räuber
Horton hört ein Hu
Molly Monster – Der Kinofilm

Ab 6 Jahren

Die geheimnisvolle Minusch
Die kleine Hexe (2018)
Lotte und das Geheimnis der Mondsteine

Ab 8 Jahren

Der Junge und die Welt
Die Konferenz der Tiere (1969)
Lilo & Stitch
Die Melodie des Meeres
Ronja Räubertochter

Weitere tolle Filmtipps findet ihr unter

https://kinderfilmblog.de/tolle-kinderfilme/

Internetseiten für Kinder

www.blindekuh.de
www.fragfinn.de
www.internet-abc.de
www.kinderimnetz.de
www.kindersache.de (Seite für Kinder von 8–12 Jahren und ihre Eltern zum Thema Kinderrechte)
www.klicksafe.de/fuer_kinder
www.klick-tipps.net
www.meinestartseite.de
www.seitenstark.de
www.surfen-ohne-risiko.net/pc

Buchtipps für Eltern

Rupert Dernick: Topfit für die Schule durch kreatives Lernen im Familienalltag, Kösel-Verlag 2019

Danielle Graf, Katja Seide: Das gewünschteste Wunschkind aller Zeiten treibt mich in den Wahnsinn: Gelassen durch die Jahre 5 bis 10, Beltz Verlag 2018

Thomas Gordon: Familienkonferenz. Die Lösung von Konflikten zwischen Eltern und Kind, Heyne Verlag 2012

Michael Hauch und Regine Hauch: Kindheit ist keine Krankheit. Wie wir unsere Kinder mit Tests und Therapien zu Patienten machen, Fischer 2015

Sabrina Heinke: Am Ende meiner Nerven sind noch Kinder übrig. Weniger schimpfen, weniger Chaos und weniger Stress im Familienalltag, Humboldt Verlag 2018

Jesper Juul: Dein kompetentes Kind, Rowohlt Taschenbuch-Verlag, 2009

Alfie Kohn: Liebe und Eigenständigkeit. Die Kunst bedingungsloser Elternschaft, jenseits von Belohnung und Bestrafung, Arbor Verlag 2010

Herbert Renz-Polster: Menschenkinder. Artgerechte Erziehung – was unser Nachwuchs wirklich braucht, Kösel Verlag 2016

Katharina Saalfrank: Kindheit ohne Strafen. Neue wertschätzende Wege für Eltern, die es anders machen wollen, Beltz 2018

Nicola Schmidt: Erziehen ohne Schimpfen. Alltagsstrategien für eine artgerechte Erziehung, Gräfe und Unzer Verlag 2019

Almut Schnerring und Sascha Verlan: Die Rosa-Hellblau-Falle. Für eine Kindheit ohne Rollen-Klischees, Kunstmann Verlag 2014

Stefanie Stahl, Julia Tomuschat: Nestwärme, die Flügel verleiht. Halt geben und Freiheit schenken – wie wir erziehen ohne zu erziehen, Gräfe und Unzer Verlag 2018

Internetseiten für Eltern

https://www.bzga.de/infomaterialien/praevention-des-sexuellen-kindesmissbrauchs/

https://www.gewuenschtestes-wunschkind.de/2016/09/welche-auswirkungen-haben-computerspiele-konsolen-und-apps-auf-das-gehirn-von-kindern.html

https://www.kinderrechte.de/ (Informationsseite für Eltern und Pädagogen und Pädagoginnen)

https://www.kinder-verstehen.de/mein-werk/artikel/iiiiiiih-das-mag-ich-nicht/

www.mediennutzungsvertrag.de

Podcast-Tipps für Eltern zum Thema Erziehung

Laura Fröhlich: Lauras Müttersprechstunde

Danielle Graf und Katja Seide: Das gewünschteste Wunschkind

Sabrina Heinke: Mamahoch2 – der Podcast für Mütter und Frauen

Kleine Jahre, große Fragen by Little years

Familienrat mit Katia Saalfrank

Bibliografische Information der Deutschen Nationalbibliothek
Die Deutsche Nationalbibliothek verzeichnet diese Publikation in der Deutschen Nationalbibliografie; detaillierte bibliografische Daten sind im Internet über http://dnb.ddb.de abrufbar.

ISBN 978-3-8426-1610-3 (Print)
ISBN 978-3-8426-1611-0 (PDF)
ISBN 978-3-8426-1612-7 (EPUB)

3. Auflage

Die Ratgebermarke der Schlütersche Fachmedien GmbH
Hans-Böckler-Allee 7, 30173 Hannover
www.humboldt.de
www.schluetersche.de

Autorin und Verlag haben dieses Buch sorgfältig erstellt und geprüft. Für eventuelle Fehler kann dennoch keine Gewähr übernommen werden. Weder Autorin noch Verlag können für eventuelle Nachteile oder Schäden, die aus in diesem Buch vorgestellten Erfahrungen, Meinungen, Studien, Therapien, Methoden und praktischen Hinweisen resultieren, eine Haftung übernehmen. Insgesamt bieten alle vorgestellten Inhalte und Anregungen keinen Ersatz für eine Beratung, Betreuung und Behandlung.

Lektorat: Berit Lina Barth, Mössingen
Covergestaltung: ZERO, München
Coverabbildung: Shutterstock/Iulian Valentin, rok77, Artishok, Astarina
GettyImages/Westend61
Satz: PER MEDIEN & MARKETING GmbH, Braunschweig
Druck und Bindung: Gutenberg Beuys Feindruckerei GmbH, Langenhagen

Gedruckt mit mineralölfrei hergestellten Druckfarben und Strom aus erneuerbaren Energien. Die eingesetzten Klebe- und Bindestoffe entsprechen den derzeitigen Umweltstandards, die vom RAL Institut für Gütesicherung und Kennzeichnung geprüft wurden. Die Druckplattenentwicklung erfolgte mit reduziertem Einsatz von Chemikalien.